**Alexander Hübert**

# Cybercrime

Eine Gefährdung der Sicherheit
im Informationszeitalter?

Bachelor + Master
Publishing

**Hübert, Alexander: Cybercrime: Eine Gefährdung der Sicherheit im Informationszeitalter?, Hamburg, Bachelor + Master Publishing 2013**
Originaltitel der Abschlussarbeit: Cybercrime: Eine Gefährdung der Sicherheit im Informationszeitalter?

Buch-ISBN: 978-3-95684-086-9
PDF-eBook-ISBN: 978-3-95684-586-4
Druck/Herstellung: Bachelor + Master Publishing, Hamburg, 2013
Covermotiv: © Kobes · Fotolia.com
Zugl. Fachhochschule Bielefeld, Bielefeld, Deutschland, Bachelorarbeit, Mai 2013

**Bibliografische Information der Deutschen Nationalbibliothek:**
Die Deutsche Nationalbibliothek verzeichnet diese Publikation in der Deutschen Nationalbibliografie; detaillierte bibliografische Daten sind im Internet über http://dnb.d-nb.de abrufbar.

© Bachelor + Master Publishing, Imprint der Diplomica Verlag GmbH
Hermannstal 119k, 22119 Hamburg
http://www.diplomica-verlag.de, Hamburg 2013
Printed in Germany

# Inhaltsverzeichnis

# 1.    Einleitung

Ein Computer ist aus dem Alltag vieler moderner Menschen kaum noch weg zu denken. Ob Abwicklungen von Bankgeschäften, Bestellungen von Waren, Terminplanungen, Speicherung und Versand von Daten oder Kommunikation per Wort, Ton oder Bild; alles kann heutzutage auf einem bequemen und kostengünstigen Weg mit dem Rechner von zu Hause aus oder mobil mit dem Laptop beziehungsweise mit dem Smartphone erledigt werden. Ermöglicht wird dieses dank des Internets, dessen technische Wurzeln zu Zeiten des Kalten Krieges in den 1960er Jahren in den USA entwickelt wurden.[1] Es ermöglicht die unabhängige Vernetzung mehrerer Rechner untereinander, so dass bei einem Ausfall eines Rechners die Vernetzung der anderen Rechner nicht beeinflusst wird.[2] Auf diese Technik aufbauend entwickelte der britische Informatiker Tim Berners Lee das »World Wide Web« mit dem Ziel des einfachen und schnellen Informationsaustausches und stellte 1991 die erste Internetseite ins Netz.[3] Die Anzahl der Internetnutzer stieg daraufhin innerhalb von fünf Jahren von 600.000 auf 40 Millionen und stellt heutzutage für viele Menschen ein unentbehrliches Werkzeug dar.[4] Wie wichtig das Internet für die deutschen Bürger geworden ist, wird auch durch eine Entscheidung des Bundesgerichtshofs deutlich, in welcher er dieses zur Lebensgrundlage erklärt.[5]

Mittlerweile hat auch die Finanz- und Wirtschaftsbranche das Internet für sich erschlossen. In Deutschland nutzen aktuell 45 % das Onlinebanking.[6] Tendenz steigend. In anderen Ländern wie z. B. in den Niederlanden, Finnland und Norwegen sind es bereits über 80 % der Bevölkerung.[7] Viele Händler, wie z. B. Amazon, verkaufen sogar ausschließlich über das Internet oder nutzen dieses als Hauptvertriebskanal. So steigen die Umsätze der Online-Händler kontinuierlich von Jahr zu Jahr.[8] Letztes Jahr wurden knapp 30 Milliarden Euro allein in Deutschland umgesetzt.[9] Fünf Jahre zuvor war der Umsatz noch ungefähr halb so groß.[10] Daher ist es nicht weiter verwunderlich, dass

---

[1] vgl. Wieland, 2001, S. 421 f

[2] vgl. ebd. S. 423 f

[3] vgl. ebd. S. 444 ff

[4] vgl. Schönbohm, 2011, S. 17

[5] BGH: Urteil vom 24.01.2013 – III ZR 98/12

[6] Datenquelle, Eurostat: http://epp.eurostat.ec.europa.eu/tgm/table.do?tab=table&plugin=1&language=en&pcode=tin00099

[7] Datenquelle: ebd.

[8] Datenquelle, Statista: http://de.statista.com/statistik/daten/studie/3979/

[9] Datenquelle, ebd.

[10] Datenquelle, Statista: http://de.statista.com/statistik/daten/studie/3979/

dieses Gebiet ebenso eine hohe Anziehung auf Kriminelle ausübt, welche sich durch das Anzapfen der großen Geldflüsse zu bereichern versuchen. Zumal dieses bequem von zu Hause aus über den eigenen Rechner mit Internetzugang erfolgen kann.

In dieser Arbeit sollen die besagten Kriminellen sowie ihr Vorgehen anhand der Darstellung des Phänomens »Cybercrime« näher beleuchtet werden. Es werden die typischen Straftaten sowie die angewandten Methoden dargestellt. Nach Schaffung einer Verständnisgrundlage werden die bekannt gewordenen Abläufe im kriminellen Untergrund und die Täterstrukturen beschrieben, um feststellen zu können, ob es sich bei den Tätern um einzelne Hacker handelt oder ob sich bereits organisierte Strukturen gebildet haben. Darauf aufbauend werden die Abwehrmöglichkeiten gegen Angriffe in diesem Bereich sowie die Statistik aufgezeigt, um letzten Endes bewerten zu können, ob und inwiefern die Sicherheit der Internetnutzer in Deutschland aktuell tatsächlich gefährdet ist.

## 2. Begriffsbestimmung

Gemäß der Definition des Bundeskriminalamtes umfasst der Begriff Cybercrime »alle Straftaten, die unter Ausnutzung der Informations- und Kommunikationstechnik (IuK) oder gegen diese begangen werden.«[11] Es schließt demnach sämtliche Straftaten ein, in denen IuK-Technik zur Planung, Vorbereitung oder Ausführung eingesetzt wird und somit auch Straftaten mit dem »Tatmittel Internet«, welche in der Polizeilichen Kriminalstatistik erfasst werden.[12] Durch die weitläufige Definition werden allerdings auch Straftaten erfasst, welche zwar unter Zuhilfenahme des Computers und des Internets begangen werden, jedoch grundsätzlich auch ohne die Verwendung von Informations- und Kommunikationstechnik begangen werden könnten, wie z. B. das Stalking, die Beleidigung oder der Warenbetrug.[13] Solche Taten sind nicht Gegenstand dieser Arbeit. Vielmehr soll nachfolgend auf die typischen Straftaten eingegangen werden, welche den Kriminellen durch die Funktion und Möglichkeiten des Computers und des Internets möglich gemacht werden und in Erscheinung getreten sind.

---

[11] zit. BKA: Cybercrime, Bundeslagebild 2011, S. 5

[12] BKA: PKS 2011, S. 261 ff

[13] ebd., Tabelle 05

# 3.     Erscheinungsformen und Anwendungen

## 3.1.     Phishing

Phishing bezeichnet laut Duden die »Beschaffung von persönlichen Daten anderer Personen (wie Passwort, Kreditkartennummer o. Ä.) mit gefälschten E-Mails oder Websites«.[14] Das Phishing bildet laut dem BKA aktuell einen Schwerpunkt im Bereich des Cybercrime und soll nachfolgend in einem historischen und aktuellen Kontext näher beleuchtet werden.[15]

### 3.1.1.     Die Geschichte des Phishing

Der Begriff »Phishing« leitet sich aus dem Englischen »fishing«, folglich dem Fischen ab. Die Schreibweise mit dem vorangestellten »Ph«, statt des zu erwartenden »F«, lehnt sich vermutlich an das vorangehende Phänomen des »Phreaking«.[16] Dabei handelt es sich um ein englisches Kofferwort aus den Begriffen »Phone« und »Freak« und stellt das vor dem Internet aufgekommene Phänomen des Hackens von Telefonsystemen dar, was durch Manipulationen an den Telefonanlagen die kostenlose Nutzung der Telefon-leitungen ermöglichte.[17] Heutzutage ist es jedoch gebräuchlicher vom Phishing den Begriff des Passwordfishings abzuleiten.[18] Die erste dokumentierte Verwendung des Begriffs »Phishing« findet sich im Jahr 1996 in einem Beitrag der Newsgroup »alt.2600«[19] – eine Nachrichtengruppe im Internet für Leser des »2600-Magazins« aus den USA, welches sich mit Hacking- und Phreaking-Themen befasst. Ursprünglich waren damit ausgespähte Zugangsdaten für Internetaccounts gemeint, welche unter den Hackern als »Phishes« gehandelt wurden und diesen die kostenlose Nutzung des Inter-nets ermöglichten.[20] Durch immer günstiger werdende Zugangskosten und dem Auf-kommen der Pauschaltarife (Flatrates) für den Internetzugang verlor diese Art des Phishing jedoch an Bedeutung und keimte im Jahr 2003 zu seiner aktuellen und nach-folgend beschriebenen Erscheinungsform auf.[21]

---

[14] zit. Duden. Internet: http://www.duden.de/rechtschreibung/Phishing
[15] BKA: Cybercrime, Bundeslagebild 2011, S. 11
[16] vgl. Fox: DuD 2005, S.365
[17] vgl. ebd.
[18] vgl. Kochheim: Phishing, S. 5
[19] vgl. Fox: DuD 2005, S. 365
[20] vgl. ebd.
[21] vgl. ebd.

### 3.1.2. Das klassische Phishing

Beim klassischen Phishing werden Massenmails – sogenannte Spam-Mails – an beliebige Empfänger versendet. Durch das Fälschen der Absenderdaten geben sich die Täter als bekannte Unternehmen aus und verlangen unter einem Vorwand, wie z. B. eines angeblich aktuellen Sicherheitsrisikos, die Eingabe vertraulicher Daten der Internetnutzer.[22] Dieses können z. B. die Kreditkartennummern, Zugangsdaten zu Internetdiensten, wie PayPal oder eBay, oder die PIN [23]und TAN[24] zum Onlinebanking sein sowie andere Kennwörter. Diese Daten sollen daraufhin den Tätern den Zugang und die Inanspruchnahme der jeweiligen Leistung des fremden Benutzerkontos im Internet ermöglichen.[25] Die Betrugsopfer sollen dabei ihre Daten entweder direkt in der E-Mail über Formularfelder eingeben und versenden, oder sie werden über einen Link in der E-Mail zu einer gefälschten Internetseite geführt, welche dem Aussehen und der Bedienung der Originalseite entspricht und somit die Glaubwürdigkeit des Anliegens beim unbedarften Opfer erhöhen soll.[26] Für die Methode des Umleitens zu einer gefälschten Seite ist auch der Begriff des »Pharming« geläufig, da hierbei oftmals mehrere gefälschte Seiten auf verschiedenen Servern wie eine »Farm« betrieben werden und nach einer erfolgreichen Übermittlung der Daten durch die Opfer, diese Daten nur noch durch die Täter »geerntet« werden müssen.[27] Um die Glaubwürdigkeit noch weiter zu steigern, werden Internetadressen registriert, die sich nur leicht von den originalen Internetadressen unterscheiden oder welche z. B. nach dem Ersetzen des kleinen Buchstaben »l« durch die Ziffer »1« oder des Buchstaben »a« durch das gleich aussehende kyrillische »а« augenscheinlich identisch sind, jedoch intern komplett unterschiedliche Internetadressen darstellen.[28] Nach Eingabe und Versand der Zugangsdaten durch das Opfer an den Phisher, kann dieser sich Zugang zum fremden Benutzerkonto verschaffen, Überweisungen durch die abgefischten TANs vornehmen oder durch Änderung des Passwortes den Berechtigten aussperren und die jeweilige Leistung in Anspruch nehmen, bevor das Benutzerkonto vom Berechtigten gesperrt werden kann.

---

[22] vgl. Fox: DuD 2005, S. 365

[23] Personal Identification Number

[24] Transanktionsnummer

[25] vgl. Fox: DuD 2005, S. 365

[26] vgl. ebd.

[27] vgl. Kochheim: Cybercrime 2010, S. 91 f

[28] vgl. ebd., S. 33

### 3.1.3. Phishing mittels Malware

Bei neueren Formen des Phishing wird schädliche Software – sogenannte Malware – verdeckt auf dem System des Opfers abgelegt. Der Begriff Malware setzt sich aus den englischen Wörtern »Malicious« und »Software« zusammen und bezeichnet damit bösartige Software.[29] Dabei handelt es sich um einen Oberbegriff für Schadsoftware, die je nach Konzept, Umfang und Funktion auch als Virus, Trojaner, Wurm, Spyware, Crimeware oder Ransomware bekannt ist. Diese wird dabei entweder über einen Anhang in der Spam-Mail installiert, auf welchen das Opfer unter einem Vorwand aufgefordert wird zu klicken oder sie installiert sich beim Besuch einer entsprechend vorbereiteten Internetseite automatisch im Hintergrund (Drive-By-Infection).[30] Dabei werden Sicherheitslücken (Exploits) in Soft- und Hardware ausgenutzt, wie z. B. ein aktueller Fall zeigt, bei dem eine bisher unbekannte Sicherheitslücke eines Internetbrowser Plug-Ins (Java) ausgenutzt und damit die Einschleusung und Ausführung von schädlichem Code unter einem Windows-Betriebssystem ermöglicht wird.[31]

Die so aufgespielte Schadsoftware gestattet es z. B. sämtliche Tastatureingaben des Nutzers mitzuprotokollieren (Software-Keylogger) und kann die ausgespähten Daten eigenständig an den Täter zurück senden oder ermöglicht es diesem sogar sich in einen gegenwärtigen Überweisungsvorgang dazwischen zu schalten (Man-in-the-middle-Angriff) und damit eine vom Benutzer durchgeführte Onlineüberweisung derart zu manipulieren, dass diese ohne Wissen des Berechtigten an ein vom Täter vorgegebenes Konto gesendet wird.[32] [33]

Darüber hinaus ist es möglich mit der Schadsoftware bestimmte Systemdateien im Betriebssystem des Opfers zu verändern. Beispielsweise durch die Manipulation der Hostsdatei des Betriebssystems.[34] Dabei handelt es sich um eine lokale Textdatei des Betriebssystems, auf welche zwecks schnellerer Weiterleitung bei häufig aufgesuchten Internetseiten zugegriffen wird. Dadurch soll ein langsamerer Zugriff auf einen exter-

---

[29] vgl. BKA: Cybercrime, Bundeslagebild 2011, S. 9

[30] vgl. Kochheim: Cybercrime 2010, S. 61

[31] vgl. Heise-Online: Gefährliche Lücke in aktueller Java-Version. Internet: http://www.heise.de/newsticker/meldung/Gefaehrliche-Luecke-in-aktueller-Java-Version-1780850.html

[32] vgl. Fox: DuD 2005, S. 365

[33] vgl. Kochheim: Cybercrime 2010, S.105 ff

[34] vgl. ebd., S. 34 f

nen, im Internet befindlichen DNS-Server[35] vermieden werden. Die Textdatei löst, wie auch der DNS-Server, die vom Benutzer im Browser eingegebene Internetadresse zu einer Nummer (IP-Adresse[36]) auf, wodurch die Weiterleitung zu einem bestimmten Rechner im Internet ermöglicht wird.[37] Die IP-Adresse stellt dabei – ähnlich einer Telefonnummer – eine individuelle Nummer im Internet dar, so dass der angeforderte Rechner im Netz gefunden werden kann. Demgemäß wird z. B. »www.google.de« zu der IP-Adresse »173.194.66.94« aufgelöst, was erst die Weiterleitung zum Rechner von Google und somit den Aufruf der Seite von Google ermöglicht. Die IP-Adresse kann auch als reine Zahl in den Browser eingegeben werden, um zu der gewünschten Seite zu gelangen und damit der DNS-Server umgangen werden. Da sich der Mensch üblicher-weise jedoch leichter Wörter als Zahlenkolonnen merken kann, werden die Zahlen- / Namenkombinationen – ähnlich wie Telefonbücher – von den DNS-Servern im Internet beziehungsweise der lokalen Hostsdatei verwaltet. Die Schadsoftware verändert dabei die Hostsdatei oder den DNS-Server insofern, indem der eingegebenen Internetadresse eine falsche IP-Adresse zugeordnet wird, welche den Benutzer, z. B. statt zu der ange-forderten Bankseite, zu einer nachgemachten Seite des Täters führt (Pharming: siehe Punkt 3.1.2.).[38] Das beschriebene Vorgehen ist auch unter dem Namen DNS-Spoofing bekannt. Die vom Täter gestaltete Seite entspricht dem Aussehen und Bedienung der angeforderten Originalseite, außer, dass diese die eingegebenen Daten, wie z. B. die Anmeldedaten oder die bei einer Onlineüberweisung eingegebene TAN des Nutzers nicht an die Bank sondern an den Phisher weiterleitet, welcher die Daten anschließend für seine kriminellen Zwecke missbrauchen kann.[39] Das Tückische dabei ist, dass sobald die Hostsdatei oder der DNS-Server erstmal mit der Schadsoftware infiziert ist, das Opfer auch bei manueller Eingabe der Internetadresse – beispielsweise die Webad-resse der Onlinebank – im Browser oder beim Aufrufen eines Lesezeichens zu der gefälschten Webseite geleitet wird, obwohl die korrekte Zieladresse in der Adressleiste des Browsers angezeigt wird.[40]

---

[35] Domain Name System

[36] Internetprotokolladresse

[37] vgl. Kochheim: Cybercrime 2010, S. 34 f

[38] vgl. ebd.

[39] vgl. ebd.

[40] vgl. Com-Magazin, Hosts-Datei für Profis. Internet: http://www.com-magazin.de/praxis/windows/hosts-datei-fuer-profis-65118.html?page=3_pharming-hosts-datei-missbraucht

Im Bewusstsein dieser Möglichkeiten wurde von den Banken das sogenannte mTAN-Verfahren (mobile TAN oder auch smsTAN) eingeführt. Dabei wird seitens der Bank dem Kunden zur Bestätigung des Überweisungsvorganges eine TAN auf sein Mobiltelefon geschickt. Diese TAN ist nur für den aktuellen Überweisungsvorgang gültig und sollte durch diese zusätzliche Stufe der Authentifizierung zu mehr Sicherheit beitragen. Doch auch dieses Verfahren konnten die Täter mittlerweile erfolgreich umgehen. Hierzu wird das Phishingopfer auf der gefälschten Bankseite aufgefordert seine Mobiltelefonnummer und IMEI[41] einzugeben, unter dem Vorwand, dass ein neues Zertifikat der Bank auf das Mobiltelefon übertragen werden müsse. Daraufhin wird eine Nachricht mit dem angeblichen Zertifikat an das Mobiltelefon versendet. Sobald dieses installiert ist, leitet die Schadsoftware die eingehenden mTANs aktueller Überweisungsvorgänge an die Täter weiter.[42] Auch sind Fälle bekannt geworden, bei denen die Täter die Originalwebseite gehackt haben und dort erfolgreich ihre Malware hinterlegen und an die Besucher der Webseite verteilen konnten. So konnten z. B. Hacker Anfang des Jahres 2013 für knapp vier Stunden einen Trojaner auf der Webseite der Sparkasse Deutschland platzieren, was ihnen die Infizierung der Rechner von bis zu 30.000 Besuchern mit der Schadsoftware in diesem Zeitraum ermöglichte.[43]

Neben den zuvor genannten Möglichkeiten der Schadsoftware, sind auch weitere Formen der Anwendung nach einer Infizierung des Zielrechners denkbar. Wie der Chaos Computer Club in seiner »Analyse einer Regierungs-Malware« darstellt, sind auch Bildschirmabgriffe, Überwachung der Internettelefonie sowie die Bedienung der angeschlossenen Komponenten, wie z. B. der Webcam oder des Mikrofons, aber auch das Nachladen weiterer Programme und damit eine Erweiterung oder Anpassung der Schadsoftware möglich.[44] Gut programmiert und erstmal eingeschleust, ermöglicht die Schadsoftware folglich die komplette Fernsteuerung des angegriffenen Rechners und die Protokollierung sämtlicher Eingaben.

---

[41] International Mobile Station Equipment Identity (eindeutige 15-stellige Seriennummer des Mobiltelefons)

[42] vgl. Heise-Online: Angriffe auf deutsche mTAN-Banking-User, Internet: http://www.heise.de/security/meldung/Angriffe-auf-deutsche-mTAN-Banking-User-1221951.html

[43] vgl. Spiegel-Online, Trojaner-Gefahr: Hackerangriff auf Sparkassen-Seiten, Internet: http://www.spiegel.de/wirtschaft/service/hackerangriff-auf-sparkassen-seiten-a-884385.html

[44] vgl. CCC: Analyse einer Regierungs-Malware, S. 1 ff

### 3.1.4. Vishing

Der Begriff »Vishing« steht für »Voice Phishing« oder »Voice over IP Phishing«. Bei der üblichen Vorgehensweise werden automatisiert beliebige Telefonnummern angerufen. Bei Abnahme durch das potentielle Opfer erfolgt eine Bandansage, welche vorgibt, z. B. von einer größeren Bank oder Kreditkartengesellschaft zu kommen. Es wird angegeben, dass die etwaige Bank- oder Kreditkarte missbraucht worden sei und um Rückruf unter Angabe einer bestimmten Telefonnummer gebeten. Bei Rückruf werden dann die jeweiligen Zugangsdaten, wie Konto- bzw. Kreditkartendaten, TAN und PIN abgefragt und damit den Kriminellen zugänglich gemacht.[45] [46]

### 3.1.5. Spear-Phishing

Beim üblichen Phishing wird ein grobes Netz ausgeworfen, indem an eine große Masse beliebiger Empfänger Spam-Mails versendet werden. Verbunden mit der Hoffnung des Täters, dass sich möglichst viele dieser Empfänger von den Mails angesprochen fühlen und entsprechend die angeforderten Daten an diesen übersenden. So werden als Absender üblicherweise kundenstarke Firmen, wie z. B. eBay, Amazon, PayPal, Mastercard, Visa oder größere Banken angegeben. Beim Spear-Phishing, also dem Speerfischen, wird hingegen der Empfängerkreis von vornherein eingegrenzt und die Phishingattacke gezielt auf diesen Personenkreis angewandt, um damit die Effektivität des Angriffes zu steigern. So berichtet z. B. der Antivirenhersteller McAfee in seiner Fallstudie »Dissecting Operation High Roller« aus dem Jahr 2012, dass eine Schadsoftware gezielt gegen wohlhabende Bankkunden oder Geschäftskonten mit hohen Kontoständen eingesetzt wurde.[47] Dabei spionierte die Software zunächst den Kontostand des jeweiligen Bankkontos aus und transferierte anschließend einen geringen Prozentsatz des zur Verfügung stehenden Geldbetrages auf die Konten der Kriminellen.[48] Durch den in Relation zum Gesamtkontostand geringen abgeschöpften Geldbetrag und höheren beziehungsweise nicht vorhandenen Überweisungslimits der Geschäftskonten fielen die unberechtigten

---

[45] vgl. BSI, Internet:

https://www.bsi.bund.de/DE/Themen/ITGrundschutz/ITGrundschutzKataloge/Inhalt/_content/g/g05/g05135.html

[46] vgl. Sparkasse Saarbrücken, Internet: https://www.sparkasse-saarbruecken.de/onlinebanking/online_banking_angebot/vishing/beschreibung/index.php

[47] vgl. McAfee: Dissecting Operation High Roller 2012, S. 3 ff

[48] vgl. ebd.

Überweisungen kaum auf, so dass die Täter auf diese Weise mindestens 60 Millionen Euro erbeuten konnten.[49]

Bei einer weiteren Form des Spear-Phishing wird die Schadsoftware in Chats oder Sozialen Netzwerken, wie z. B. Facebook übertragen. Dabei erarbeitet sich der Täter Vertrauen beim ausgesuchten Opfer durch vorherige Kontaktaufnahme und Smalltalk im jeweiligen Netzwerk und schickt im Laufe des Gespräches dem Gesprächspartner einen Anhang oder Link, hinter welchem sich beispielsweise angeblich ein besonders sehenswertes Bild oder eine wichtige Information befinden soll. Nach dem Anklicken des Links installiert sich daraufhin die Schadsoftware auf dem System des Opfers im Hintergrund.[50]

### 3.1.6. Zielrichtung des Phishing

Nach Darstellung der Erscheinungsformen und Möglichkeiten des Phishing soll nachfolgend die Zielrichtung der Täter sowie ihr Vorgehen beschrieben werden. Da sich die Kriminellen mittels der ausgespähten Daten im Konto des Berechtigten anmelden und sich so als dieser auszugeben versuchen, dient das Phishing dem Identitätsdiebstahl.[51] Hierdurch soll üblicherweise ein Vermögensgewinn erzielt werden, indem ohne Wissen des Zugangsberechtigten möglichst hohe Geldbeträge auf fremde Konten abgeschöpft oder bestimmte Leistungen genutzt werden. Darüber hinaus können die abgefangenen Daten an andere Kriminelle weiterverkauft werden, welche die Daten wiederum zu ihrem geldwerten Vorteil nutzen können.

Im Falle von Verkaufs- und Kaufplattformen wie z.B. eBay oder Amazon können über das übernommene Konto nicht vorhandene Waren im Namen des Opfers angeboten werden.[52] Durch Änderung des Passwortes und der E-Mail-Adresse kann der Kontoberechtigte ausgeschlossen werden.[53] Beim Anbieten der Ware wird dann auf Vorkasse oder Anzahlung bestanden.[54] Zuvor wird die Bankverbindung im gekappten Account

---

[49] vgl. McAfee: Dissecting Operation High Roller 2012, S. 3 ff
[50] vgl. BKA, Cybercrime. Bundeslagebild 2011, S. 13
[51] vgl. Gercke, CR 2005, S. 607
[52] vgl. Schönbohm, 2011, S. 25
[53] vgl. ebd.
[54] vgl. Heise-Online: Viereinhalb Jahre Haft für eBay-Betrüger. Internet: http://www.heise.de/newsticker/meldung/Viereinhalb-Jahre-Haft-fuer-eBay-Betrueger-1330130.html

des Opfers geändert, so dass der überwiesene Geldbetrag des getäuschten Käufers auf ein vom Täter vorgegebenes Bankkonto eingeht.[55] Um unentdeckt zu bleiben, bedienen sich die Täter sogenannter Finanzagenten. Dabei handelt es sich um Personen, welche über eine Jobbörse oder per Spam-Mail mit lukrativen Angeboten geködert werden.[56] Diese stellen gegen Zahlung einer Provision ihr Bankkonto für Überweisungen zur Verfügung und leiten die eingegangenen Zahlungen anschließend an ein Konto im Ausland oder über einen Finanzdienstleister, wie z. B. Western Union, weiter oder aber überreichen das Bargeld persönlich an ihnen nicht bekannte Personen.[57] Um Seriosität des Arbeitsangebotes vorzutäuschen, werden den Finanzagenten gefälschte Arbeitsver-träge vorgelegt sowie der scheinbar legale Zweck der Tätigkeit umfassend erläutert.[58] Von den kriminellen Vorgängen im Hintergrund bekommen diese daher oftmals nichts mit. Dennoch machen sie sich wegen Beihilfe zum Betrug oder der Geldwäsche strafbar und sind meist die erste Anlaufadresse für die Polizei im Falle einer Anzeige.[59] Auch zivilrechtliche Schadensersatzansprüche können gegen Finanzagenten geltend gemacht werden.[60]

Eine weitere Möglichkeit besteht darin, dass der Täter sich über den übernommenen Zugang Waren bestellt.[61] Bezahlt werden diese über die im Account hinterlegte Bank-verbindung des Opfers.[62] Anschließend lässt sich der Täter die Ware an Scheinadressen, wie z. B. leer stehende Wohnungen oder Häuser, Packstationen mit ebenfalls durchs Phishing gekaperten Postnummern oder an Warenagenten schicken.[63] Diese werden analog zum Finanzagenten von den Tätern geworben und machen sich ebenso strafbar. Sie lassen sich die Ware an ihre Adresse schicken und verschicken diese anschließend gegen Zahlung einer Provision an Scheinadressen, ins Ausland oder überreichen sie an unbekannte Personen.[64]

---

[55] vgl. Heise-Online: Viereinhalb Jahre Haft für eBay-Betrüger. Internet: http://www.heise.de/newsticker/meldung/Viereinhalb-Jahre-Haft-fuer-eBay-Betrueger-1330130.html

[56] vgl. LKA Bayern: Paketagent, Internet: http://www.polizei.bayern.de/lka/news/presse/aktuell/index.html/177742

[57] vgl. Kochheim, Cybercrime 2010, S. 51 ff

[58] vgl. LKA Bayern: Paketagent, Internet: http://www.polizei.bayern.de/lka/news/presse/aktuell/index.html/177742

[59] vgl. ebd.

[60] LG Köln: Urteil vom 05.12.2007 – 9 S 195/07

[61] vgl. Kochheim, Cybercrime 2010, S.52 f

[62] vgl. ebd.

[63] vgl. ebd.

[64] vgl. ebd.

Darüber hinaus kann das Phishing auch zum Zwecke der Erpressung von z. B. größeren Unternehmen eingesetzt werden, indem mit der Veröffentlichung eines erfolgreichen Datendiebstahls und der dazugehörigen Daten gedroht wird und damit einhergehend mit der Schädigung der Reputation des Unternehmens sowie einem Vertrauensverlust seitens der Kunden.[65] Weiterhin können die für das Opfer unverzichtbaren Daten zum Rückkauf angeboten werden.[66] So bot z. B. der Antivirus-Hersteller »Symantec« einer Hackergruppe aus Indien nach einem erfolgreichen Systemeinbruch sowie der Entwendung von Softwarecode einen Betrag in Höhe von 50.000 Dollar Schweigegeld an.[67]

## 3.2.    Carding

Unter Carding wird die umfassende Verwertung von Kartendaten verstanden.[68] Dabei kann es sich sowohl um EC- und Kreditkarten als auch um jede andere denkbare Form von Karten, wie z. B. Prepaid-, Guthaben- oder Tankkarten handeln, solange diese einen gewissen Geldwert für die Täter aufweisen.[69] Die abgegriffenen Kartendaten können mitsamt der PINs und Sicherheitsnummern in Untergrundforen bezogen werden.[70] Anschließend werden diese auf Kartenrohlinge kopiert, um damit Waren oder Leistungen in diversen Läden einzukaufen oder an Geldautomaten Bargeld abzuheben.[71] Darüber hinaus kann mit den Daten schlicht in Onlineshops bestellt werden. An die Daten kommen die Täter durch zuvor beschriebene Phishingtechniken oder durch gefälschte Webshop-Seiten, auf welchen nicht vorhandene Waren zu verlockend niedrigen Preisen angeboten werden und auf Kartenzahlung oder Vorkasse bestanden wird.[72] Eine weitere Möglichkeit für die Kriminellen an die Kartendaten zu kommen, besteht durch das Einbrechen in Kundendatenbanken von Finanzdienstleistern oder Webshops.[73] Das Carding stellt für die Kriminellen zurzeit einen der lukrativsten Geschäftszweige dar.[74] So konnte beispielsweise eine international agierende Bande durch zwei Aktionen Ende

---

[65] vgl. BKA, Cybercrime. Bundeslagebild 2011, S.14

[66] vgl. ebd.

[67] vgl. Spiegel-Online, Einbruch bei Symantec: Antivirus-Hersteller bot Software-Dieben Schweigegeld. Internet:
http://www.spiegel.de/netzwelt/web/einbruch-bei-symantec-antivirus-hersteller-bot-software-dieben-schweigegeld-a-813991.html

[68] vgl. Kochheim, Cybercrime 2010, S. 49

[69] vgl. ebd.

[70] vgl. G Data: Underground Economy 2009, S. 13

[71] vgl. ebd.

[72] vgl. Kochheim, Cybercrime 2010, S. 49

[73] vgl. G Data: Underground Economy 2009, S. 13

[74] vgl. Kochheim, Cybercrime 2010, S. 49

2012 und Anfang 2013 insgesamt 45 Millionen Dollar erbeuten.[75] Hierzu drangen sie zuvor in das System eines indischen Kreditkarten-Dienstleisters sowie eines Zahlungs-abwicklers in Oman ein.[76] Dadurch gelangten die Täter an die Kreditkartendaten und die PINs von Prepaid-Kreditkarten von Banken aus dem Oman sowie den Vereinigten Arabischen Emiraten.[77] Sie erhöhten daraufhin das Guthaben und das Abhebelimit der Karten und spielten die Daten auf Blankokarten auf.[78] Mit diesen Karten hoben sie anschließend das Bargeld an Geldautomaten durch 40.000 Transaktionen weltweit innerhalb weniger Stunden ab.[79] Allein in New York wurden insgesamt 2,8 Millionen Dollar und in Japan 10 Millionen Dollar abgehoben.[80] Auch in Deutschland wurden Abhebungen von insgesamt 1,85 Millionen Euro mit gefälschten Karten der Bank aus Oman festgestellt.[81] Zwei Verdächtige aus den Niederlanden konnten dabei hierzulande auf frischer Tat mit gefälschten Karten und 170.000 Euro Bargeld festgenommen wer-den.[82] Ebenso konnten in New York sieben US-Bürger mit dominikanischer Abstam-mung festgenommen werden.[83] Der mutmaßliche Anführer der Bande wurde tot neben einem Koffer mit 100.000 Dollar in der Dominikanischen Republik aufgefunden.[84] Dem Sachverhalt waren laut örtlichen Ermittlern interne Streitigkeiten bezüglich der Beutesi-cherung vorausgegangen.[85]

---

[75] vgl. Lischka, Spiegel-Online: Banken Hack: So lief der Millionen-Cyber-Diebstahl ab. Internet:
http://www.spiegel.de/netzwelt/netzpolitik/millionen-diebstahl-so-hackten-die-taeter-banken-a-899058.html
[76] vgl. ebd.
[77] vgl. ebd.
[78] vgl. ebd.
[79] vgl. ebd.
[80] vgl. ebd.
[81] vgl. Spiegel-Online: Internationaler Banken-Hack: Cyber-Räuber stehlen in Deutschland fast zwei Millionen Euro. Internet:
http://www.spiegel.de/panorama/cyber-bankraeuber-ergaunern-millionenbetrag-in-deutschland-a-899162.html
[82] vgl. ebd.
[83] vgl. Spiegel-Online: Festnahme nach Banken Hack: Erst der Raub, dann die Rolex. Internet:
http://www.spiegel.de/panorama/millionen-raub-polizei-nimmt-sieben-verdaechtige-fest-a-899097.html
[84] vgl. ebd.
[85] vgl. ebd.

## 3.3. Botnetze und DDos-Attacken

Botnetze bestehen aus einer vernetzten Gruppe unterschiedlich vieler Rechner, die mittels einer Bot-Malware infiziert werden. Das Wort »Bot« wird vom Roboter abgeleitet, welches dem Slawischen »Robot« entstammt und für Arbeit steht, was die automatische Abarbeitung von Befehlen hervorheben soll.[86] Die Einschleusung der Malware auf die Opferrechner geschieht dabei analog zu der beschriebenen Vorgehensweise der Infizierung mittels Malware beim Phishing unter Punkt: 3.1.3. Wurde die Malware erst in den Zielrechner eingeschleust, nistet sie sich dort ein, manipuliert die Sicherheitseinstellungen des Betriebssystems sowie der Firewall und tarnt sich vor einer etwaigen Entdeckung durch ein Antivirenprogramm. Anschließend versucht sie sich im Hintergrund ins Netz einzuwählen und meldet sich bei einer erfolgreichen Verbindung beim Täterrechner einsatzbereit. Nun hat der Täter einen nahezu vollständigen Zugriff auf den Opferrechner und kann diesen wie der Besitzer steuern. So kann er sämtliche, sich auf dem Rechner befindliche Daten abgreifen, das Internet über den Opferrechner für seine illegalen Zwecke nutzen sowie die eingeschleuste Malware zu allen erdenklichen Zwecken erweitern, um damit z. B. die komplette Kommunikation des Nutzers in Schrift, Bild und Ton zu überwachen. Der eigentliche Zweck der Bot-Malware besteht jedoch im Aufbau eines möglichst großen Rechnerverbundes aus infizierten Rechnern, welche anschließend zentral vom Täter gesteuert werden können. Solche Botnetze können sodann zum Zwecke des Versands millionenfacher Spam-Mails missbraucht werden oder wie in den nachfolgenden Abschnitten dargestellt, auch zu DDoS-Attacken und infolge dessen der digitalen Erpressung. Die zusammengelegt hohe Rechnerleistung kann darüber hinaus auch zum Entschlüsseln von Passwörtern eingesetzt werden. Ist ein entsprechend großes Botnetz aufgebaut, kann dieses auch in Untergrundplattformen zu den beschriebenen Zwecken weitervermietet werden. Heutzutage sind Botnetze mit einem Verbund von bis zu 30 Millionen Botrechnern bekannt.[87] [88] [89] Auch Botnetze mit Smartphones – welche mittlerweile die Leistung und Funktionsumfang kleinerer stationärer Rechner erreicht haben – rücken durch ihre permanente Vernetzung und schneller werdende Netztechniken immer mehr in den Fokus der Kriminellen.[90]

---

[86] vgl. Universität Stuttgart, Botnetze. Internet: http://cert.uni-stuttgart.de/doc/netsec/bots.html

[87] vgl. Kochheim, Cybercrime 2010, S. 55 ff

[88] vgl. G Data: Underground Economy 2009, S.15 ff

[89] vgl. BKA, Cybercrime. Bundeslagebild 2011, S.16 f

[90] vgl. ebd., S. 15 f

Zwecks Koordinierung der Botrechner bedient sich der Täter eigener, gemieteter oder ebenfalls infizierter Kontrollserver. Zur Verhinderung seiner Rückverfolgung nutzt er szenetypische und kostenpflichtige Proxy-Server. Diese leiten die jeweiligen Anfragen für sie unprotokolliert weiter, so dass bei entsprechender Rückverfolgung der Anfrage lediglich die IP-Adresse des Proxy-Servers, nicht jedoch des Anfragenden feststellbar ist.[91]

DDoS-Attacken stellen die bisher bekannteste Nutzungsform der Botnetze dar. DoS steht dabei für Denial of Service, was einer Dienstverweigerung des Servers im Netz entspricht. Wird diese durch eine Mehrzahl von System ausgelöst, spricht man von einer Distributed Denial of Service (DDoS). Dabei bricht der Server beispielsweise aufgrund zu vieler Anfragen zusammen, da er diese nicht mehr bewältigen kann. Was zur Folge hat, dass die darauf befindliche Webseite nicht mehr über das Internet zu erreichen ist. Dieses muss nicht unbedingt durch einen böswilligen Angriff geschehen, sondern kann auch infolge z. B. einer populären Meldung und eines damit verbundenen massenhaften Ansturms von Besuchern auf eine bestimmte Internetseite zu einer Überlastung und Ausfall des Servers führen. So haben größere Unternehmen mit viel Onlinepublikum entsprechend leistungsfähige und teure Server, die deutlich mehr Anfragen verarbeiten können als z. B. die Server von Privatpersonen mit wenig besuchten Webseiten. Bei der DDoS-Attacke lässt der Täter seine vielen Botrechner bei der zu attackierenden Webseite wiederholt anfragen, was je nach Kapazität des attackierten Servers und der Botanzahl zu einem Ausfall führen kann. Hierdurch kann der Täter Konkurrenzplattformen im Netz ausschalten oder entsprechend Druck auf den Angegriffen ausüben, um etwaige Forderungen durchzusetzen, was im kommenden Abschnitt beschrieben werden soll.[92] [93]

Botnetze stellen somit mit ihren umfangreichen Möglichkeiten ein mächtiges Werkzeug für den Kriminellen dar. Dieser kann auch ohne Programmierkenntnisse durch das Mieten von Botnetzen in Untergrundforen anonym auf Millionen von Rechnern zugreifen, diese zwecks Angriff und Erpressung von Online-Unternehmen nutzen oder zum millionenfachen Spamversand missbrauchen. Die Spam-Mails können dabei den be-

---

[91] vgl. G Data: Underground Economy 2009, S.8 f
[92] vgl. Kochheim, Cybercrime 2010, S. 57 f
[93] vgl. G Data: Underground Economy 2009, S. 12

schriebenen Phishing-Techniken und der Infizierung von weiteren Rechnern dienen. Durch die große Reichweite der Mails sind aber auch etwa Aktienkursmanipulationen denkbar.[94] Dementsprechend stehen die Botnetze auch besonders im Blickpunkt der Sicherheitsunternehmen sowie der Sicherheitsbehörden. So konnte im Jahr 2011 das Botnetz »Coreflood« durch das FBI zerschlagen werden.[95] Dieses bestand seit 2002 und umfasste zuletzt mehr als zwei Millionen infizierte Rechner, mit welchen ein Schaden von bis zu 100 Millionen Dollar verursacht wurde.[96]

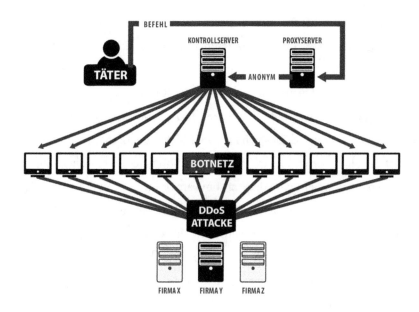

## 3.4. Digitale Erpressung

Bei der digitalen Erpressung wird Malware auf dem System des Opfers hinterlegt, welche den Zugang zur Nutzung des Betriebssystems sperrt und den Nutzer durch eine Einblendung auf dem Bildschirm zu einer Zahlung eines Geldbetrages auffordert, um hierdurch das System wieder zu entsperren. Als Grund für die Sperrung wird z. B. das Auffinden von illegaler Software, Musik, Kinderpornografie oder Viren vorgegeben. Außerdem werden als Absender z. B. das BKA, die Bundespolizei, die GEMA, die GVU oder Antivirenhersteller angegeben, um das Anliegen offiziell erscheinen zu

---

[94] vgl. Kochheim, Cybercrime 2010, S. 53 f
[95] vgl. Spiegel-Online, Netzwelt-Ticker: FBI legt nach Millionenschäden großes Botnet still. Internet:
http://www.spiegel.de/netzwelt/web/netzwelt-ticker-fbi-legt-nach-millionenschaeden-grosses-botnet-still-a-756964.html
[96] vgl. ebd.

lassen.[97] Um möglichst viele Nutzer zu einer Zahlung zu bewegen, werden kleine Geldbeträge von 50 bis 100 Euro Strafe gefordert und eine kurze Zahlungsfrist von nicht mehr als 24 Stunden gesetzt. Hierzu wird auch das Betriebssystem des Nutzers und seine IP in der Nachricht angezeigt. Im Falle der Antiviren-Malware soll ein kostenpflichtiges Update durchgeführt werden. Das Geld soll über einen Online-Zahlungsdienstleister, wie z. B. Ukash oder Paysafecard überwiesen werden. Diese Anbieter bieten Prepaidkarten mit unterschiedlichen Guthabensätzen an, welche an Tankstellen oder in Läden gekauft werden können. Durch den auf der Karte aufgedruckten Code lässt sich das Guthaben anonym über die benannten Dienste an die Täter versenden. Auch wenn das Geld tatsächlich überwiesen worden ist, findet jedoch keine Entsperrung des Systems statt.[98] [99] Diese Form der Malware ist durch die Forderung nach einem digitalen Lösegeld auch unter dem Begriff »Ransomware« bekannt, welche sich laut Einschätzung des BKA weiter ausbreitet. In Zusammenarbeit mit dem Bundesamt für Sicherheit in der Informationstechnik (BSI) bietet der Branchenverband »Eco« auf der Internetseite: http://www.bka-trojaner.de eine Software sowie weitere Unterstützung zur Bereinigung des Systems von der Ransomware. Ende 2012 und Anfang 2013 konnte durch die Zusammenarbeit des IT-Sicherheitsunternehmens »Trend Micro« und der Polizei eine elfköpfige Bande aus Osteuropa in Dubai beziehungsweise Spanien festgenommen werden. Diese infizierten seit Mitte 2011 die Computer mehrerer tausend Nutzer mit der beschriebenen Malware und konnten auf diese Weise pro Jahr über eine Million Euro erbeuten.[100] [101]

Weitere Formen der digitalen Erpressung bestehen in der Form des digitalen Schutzgeldes, dem Anbieten eines Rückkaufes gestohlener Daten sowie der Schweigegeldforderung. Adressaten des digitalen Schutzgeldes sind üblicherweise Unternehmen, welche durch das Internet Geld verdienen – beispielsweise Online-Shops oder Zahlungsdienstleister. Diesen wird durch die Täter angedroht die Server der Unternehmen durch Attacken ausfallen zu lassen, um eine bestimmte Forderung – z. B. einen Geldbetrag – durchzusetzen. Wird der Forderung nicht nachgegangen, findet oftmals tatsächlich eine Attacke in Form eines DDoS-Angriffes oder durch das Hacken der Server statt. Hier-

---

[97] Beispiele: siehe Abbildungen, Anlagen 1 bis 5

[98] vgl. BKA, Cybercrime. Bundeslagebild 2011, S.13

[99] vgl. Spiegel-Online, Spanien: Polizei fasst Hintermänner des BKA-Trojaners. Internet: http://www.spiegel.de/netzwelt/web/bka-trojaner-polizei-fasst-hintermaenner-in-spanien-a-883283.html

[100] vgl. BKA, Cybercrime. Bundeslagebild 2011, S.13

[101] vgl. Spiegel-Online, Spanien: Polizei fasst Hintermänner des BKA-Trojaners. Internet: http://www.spiegel.de/netzwelt/web/bka-trojaner-polizei-fasst-hintermaenner-in-spanien-a-883283.html

durch fällt die Webpräsenz des Unternehmens aus, was zu großen Verlusten führen kann. So wurde der in der Szene beliebte und zuvor beschriebene Zahlungsdienstleister Paysafecard durch DDoS-Attacken angegriffen, nachdem dieser Änderungen in seinem Benutzungssystem einführte, welche die anonyme Nutzung und Weiterleitung der Geldcodes erschweren sollten. Zu den Attacken wurde nach bekanntwerden der Änderungen in szenetypischen Foren aufgerufen. Nach längeren Ausfallzeiten der Webpräsenz nahm das Unternehmen anschließend diese Änderungen zurück.[102] [103]

Beim Rückkauf gestohlener Daten, werden die zuvor – z. B. durch das Phishing – erbeuteten Daten dem Berechtigten wieder angeboten. Dabei kann es sich um alle erdenklichen Daten handeln, welche für den Berechtigten von Bedeutung sein können. Im Falle der Schweigegeldforderung drohen die Täter damit, einen erfolgreichen Angriff – z. B. abgegriffene Daten oder Ausfall der Server – zu veröffentlichen und damit die Reputation eines Unternehmens zu schädigen, sollte ein geforderter Geldbetrag nicht bezahlt werden. Solche Veröffentlichungen können insbesondere Unternehmen schädigen, welche bei ihren Kunden mit Sicherheit werben, wie z. B. Banken, Zahlungsdienstleister oder Antivirenhersteller.[104]

# 4. Underground Economy

## 4.1. Die Szene

Waren es Anfangs nur vereinzelte Hacker, die sich durch das Phishing die kostenlose Nutzung des Internetzugriffes erschlichen, hat sich mittlerweile ein großer und weit verzweigter digitaler Untergrund samt funktionierendem Wirtschaftssystem entwickelt. So treffen sich die Kriminellen in geschlossenen Internetforen, um sich über die neuesten Themen der Computer- und Internetsicherheit auszutauschen.[105] Um eventuelle Ermittler oder Mitarbeiter von Sicherheitsfirmen auszuschließen, werden dort üblicherweise nur Personen aufgenommen, die zuvor von vertrauenswürdigen Quellen empfohlen wurden oder bereits durch erfolgreiche und nachweisbare Angriffe auf sich auf-

---

[102] vgl. BKA, Cybercrime. Bundeslagebild 2011, S.14
[103] vgl. G Data Underground Economy, Update 04 / 2010, S. 6 ff
[104] vgl. BKA, Cybercrime. Bundeslagebild 2011, S.13 f
[105] vgl. Bolduan 2008, S.31 f

merksam gemacht haben.[106] Auch finden – ähnlich wie z. B. bei eBay – Käufer- und Verkäuferbewertungen statt.[107] Über Webshops werden abgegriffene Daten und Sicherheitslücken gehandelt. Kreditkartendaten werden je nach Vollständigkeit für 2 bis 300 Euro angeboten.[108] Für die perfekt gefälschte Kreditkarte können Kartenrohlinge (35 – 115 Euro) und Kartendrucker (350 – 2700 Euro) dazu bestellt werden.[109] Eine Million E-Mail-Adressen zwecks Spamversand kosten zwischen 300 und 800 Euro.[110] Diese können dabei teilweise sogar geografisch oder nach Interessengruppen eingegrenzt werden.[111] Ein Packstation-Account ist für 50 bis 150 Euro zu haben.[112] Eine Sicherheitslücke kann sogar – je nach Bekanntheit und Aktualität – bis zu mehreren hunderttausend Euro auf dem virtuellen Marktplatz einbringen.[113] Um seine Identität – z. B. zum Zwecke der Eröffnung von Konten und der Beutesicherung – zu verschleiern, kann sich der Kriminelle gefälschte oder gestohlene Ausweise beziehungsweise Führerscheine für 50 bis 2.500 Euro kaufen.[114] Auch Spezialisten für bestimmte Bereiche bieten dort gegen Bezahlung ihre Dienste an. Sie stellen zwecks Spamversand oder Attacken ihre Botnetzwerke zur Verfügung und bieten die Fertigung von zugeschnittener Malware oder Phishing-Webseiten an.[115] Das Hacken von E-Mail-Accounts oder Konten von sozialen Netzwerken fängt bei 12 Euro beziehungsweise 97 Euro je nach Umfang und Schwierigkeit des Angriffs an.[116]

Entsprechende Foren und Webshops werden bei sogenannten Rogue-Providern bereitgestellt. Dabei handelt es sich um Internetdienstanbieter, welche ebenfalls der Szene zugeordnet werden und nach Möglichkeit die Unterstützung den Strafverfolgern verwehren und nicht auf Missbrauchsbeschwerden reagieren.[117] Hierzu wählen sie ihren Standort in Ländern mit möglichst wenig restriktiven Internetgesetzen. Im Jahr 2007 führte der IT-Angestellte David Bizeul eine Studie über das Russian Business Network

---

[106] vgl. G Data: Underground Economy 2009, S. 4 ff

[107] vgl. ebd., S. 7

[108] Datenquelle: G Data: Underground Economy 2009, S. 20

[109] vgl. G Data Underground Economy, Update 04 / 2010, S. 5

[110] Datenquelle: ebd.

[111] vgl. Bolduan 2008, S. 11 f

[112] Datenquelle: G Data: Underground Economy 2009, S. 20

[113] vgl. Com-Magazin: Schwarzmarkt: iOS-Lücke für 250.000 US-Dollar, Internet: http://www.com-magazin.de/news/sicherheit/schwarzmarkt-ios-luecke-fuer-250.000-us-dollar-6422.html

[114] Datenquelle: G Data: Underground Economy 2009, S. 20

[115] vgl. ebd., S. 4 ff

[116] Datenquelle: Trend Micro 2012, Russian Underground 101, S. 18

[117] vgl. Bolduan 2008, S. 32

(RBN) durch. Dieser Anbieter mit weitläufigen Strukturen wird ebenfalls zu den Schurken-Providern gezählt und hat seinen Sitz in Russland, Sankt Petersburg. Bizeul fand auf den Servern des RBN nebst den besagten Foren und Webshops auch Kinderpornografie, illegale Software sowie Dropzones, welche dem sicheren Ablegen von abgegriffenen Daten dienen sollen.[118] Kurz nach Veröffentlichung der Studie wurde das RBN von größeren Internetdienstanbieter auf die »Blacklist« gesetzt und damit blockiert.[119] Das RBN stellte daraufhin den Betrieb ein, weitere Ableger nahmen jedoch kurz darauf ihren Platz ein.[120]

Betätigte sich die Szene in der Vergangenheit eher in englisch- oder russischsprachigen Foren und Plattformen, so hat sie sich laut Erkenntnissen des BKA mittlerweile auch in Deutschland etabliert.[121] So erlangte die »1337crew« eine große Bekanntheit als im November 2009 die Polizei in einer umfangreichen Aktion u. a. die Wohnungen von 50 Beschuldigten in Deutschland durchsuchte und die möglichen Drahtzieher festnahm.[122] Die Zahlen »1337« im Namen stehen für die ähnlich aussehenden Buchstaben »leet«, was dem Englischen »Elite« entsprechen soll und typisch für den gängigen Netzjargon »Leetspeak« ist.[123] Die »1337crew« betrieb eine große deutschsprachige Plattform mit 18.800 registrierten Mitgliedern, auf welcher insbesondere Bank- und Kreditkartendaten, Malware sowie Vorlagen für falsche Pässe und Führerscheine gehandelt wurden.[124] Weiterhin unterhielt die Plattform ein Botnetz von ca. 100.000 Rechnern, welches für 50 Euro pro Tag oder 200 Euro pro Woche gemietet werden konnte.[125] In Anlehnung an das RBN gaben sich die Betreiber den Beinamen »German Business Network«.[126] Nach Einstellung des »Dienstes« traten – wie auch schon beim RBN – neue Plattformen deren Nachfolge an.[127]

---

[118] vgl. Bizeul, Russian Buisness Network study, S. 25 f

[119] vgl. ebd., S. 36

[120] vgl. Bolduan 2008, S. 32

[121] vgl. BKA, Cybercrime. Bundeslagebild 2011, S. 9

[122] vgl. Rosenbach, Ulrich: Der Spiegel, 49 / 2009, S. 108 f

[123] vgl. ebd.

[124] vgl. ebd.

[125] vgl. ebd.

[126] vgl. ebd.

[127] vgl. G Data Underground Economy, Update 04 / 2010, S. 8

## 4.2.    Illustrierendes Beispiel

Zur Verdeutlichung soll nachfolgend ein mögliches Vorgehen eines Kriminellen sowie die Mittel und Wege beschrieben werden. Hat der Kriminelle ausreichend finanzielle Mittel und möchte z. B. einen Phishingangriff starten, kann er sich den zuvor beschriebenen Foren und Webshops bedienen. Hierzu kann er sich zunächst eine Schadsoftware (Malware), welche z. B. die Eingaben der Computernutzer protokolliert (Key-Logger) schreiben lassen. Um die fertige Malware vor aktuellen Antivirenprogrammen zu tarnen und die Firewall des Betriebssystems beziehungsweise der Antiviren-Software zu umgehen, wendet er sich an einen Toolkitschreiber.[128] Anschließend kauft er sich von einem Exploithändler aktuelle und noch unbekannte oder noch nicht geschlossene Sicherheitslücken, um die Malware unbemerkt auf die Systeme der Opfer einschleusen zu können.[129] Darüber hinaus kann sich der Täter eine nachgemachte Internetseite – von z. B. einer Bankseite – schreiben lassen und diese anschließend über einen Rogue-Provider mit zuvor gekauften falschen Personalien registrieren und hosten lassen.[130] Nun muss der Phisher potentielle Opfer für seine Malware finden, beziehungsweise diese auf seine gefälschte Webseite locken. Hierzu wendet er sich an einen Anonymisierungs-Mailer-Dienst, über welchen er massenhaft Spam-Mails mit zuvor gekauften E-Mail-Adressen versendet. Die für die Phisher interessanten Dienste werben oftmals auch damit gängige Spam-Filter umgehen zu können. Eine weitere Möglichkeit zur Spamversendung bieten Botnetz-Betreiber, deren Botnetze für den entsprechenden Zeitraum gemietet werden können. In der Spam-Mail gibt sich der Phisher als Absender eines größeren Unternehmens mit großem Kundenstamm aus und gibt z. B. eine Sperrung des Kundenkontos oder eine große Sicherheitslücke vor. Zur Entsperrung des Kundenkontos oder zur Installation eines Sicherheitsupdates sollen die Kunden auf einen der Mail beigefügten Anhang klicken oder einem Link folgen, welcher diese auf die gefälschte Seite führt. Nun braucht der Phisher nur noch abzuwarten, dass sich Personen von den abgeschickten Spam-Mails angesprochen fühlen und daraufhin auf die mit der Malware infizierten Mailanhänge klicken oder auf der gefälschten Webseite ihre Daten eingeben. Die abgegriffenen Daten landen in Dropzones auf den Servern der Rogue-Provider, welche der Phisher nur noch einzusammeln braucht und diese an-

---

[128] vgl. Bolduan 2008, S. 29

[129] vgl. ebd., S. 28 f

[130] vgl. G Data: Underground Economy 2009, S.10 f

schließend entweder über die besagten Webshops handeln oder eigenständig missbrauchen kann.[131]

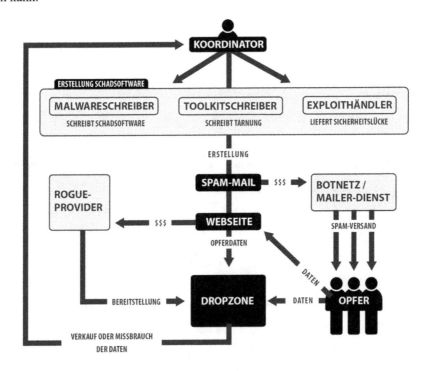

Möchte der Täter an das Geld der abgefischten Konten, überweist er das Geld entweder auf ein Konto, welches mit gefälschten Personalien eröffnet wurde oder setzt hierzu Finanzagenten ein, welche er zuvor über Spam-Mails geworben hat.[132] Bei abgegriffenen Kreditkartendaten kann er diese zum Einkaufen in Online-Shops nutzen oder auf Blankokarten kopieren und damit einkaufen gehen oder das Bargeld an Geldautomaten abheben. Handelt es sich dabei um Verkaufsplattformen, bietet er gegen Vorkasse nicht vorhandene Waren an und setzt Warenagenten analog zu den Finanzagenten ein.[133]

---

[131] vgl. G Data: Underground Economy 2009, S.17 f
[132] vgl. ebd.
[133] vgl. ebd.

# 5.    Statistik

## 5.1.    Internetnutzung

Laut dem Statistischen Bundesamt nutzen heutzutage über 75 % der Deutschen ab 14 Jahren das Internet.[134] Zehn Jahre zuvor lag der Anteil noch bei knapp 50 % und ist seither kontinuierlich gestiegen.[135] Bei Schülern und Studierenden liegt der Nutzungsanteil des Internets sogar bei 99 %.[136] Nutzten im Jahr 2010 noch 17 % der Internetnutzer das Handy, um damit ins Internet zu gehen, sind es mittlerweile mit 50 % fast drei Mal so viele.[137] Durch die immer weitere Verbreitung von internetfähigen Smartphones[138] kann heutzutage davon ausgegangen werden, dass fast jeder Bürger in Deutschland die Möglichkeit der Internutzung hat und somit ein potentielles Opfer für Kriminelle im Cyberspace darstellt.

Wie in der Einleitung bereits aufgeführt, benutzen derzeit 45 % der Internetnutzer das Onlinebanking. Der Wert steigt ebenfalls kontinuierlich.[139] Zehn Jahre zuvor waren es noch 21 %.[140] Hingegen verzichteten 24 % der Nutzer bewusst auf das Onlinebanking aufgrund von Sicherheitsbedenken.[141] Gemäß einer BITKOM-Studie aus dem Jahr 2012 kaufen 9 von 10 Internetnutzern auch im Internet ein.[142] Laut dem Statistischen Bundesamt verzichteten dabei im Jahr 2010 11 % der Internetnutzer aufgrund von Sicherheitsbedenken auf Warenbestellungen.[143] Statista prognostiziert für das Jahr 2013 einen Rekordumsatz von 33,10 Milliarden Euro für den Online-Handel.[144] Als häufigste Internetaktivität wurde mit 89 % die Nutzung der E-Mail-Kommunikation – was derzeit

---

[134] Datenquelle, Statista: http://de.statista.com/statistik/daten/studie/13070/

[135] ebd.

[136] Datenquelle: Destatis, Statistisches Jahrbuch 2012, S. 204

[137] Datenquelle: Statista, Anteil der Nutzer des mobilen Internets in Deutschland 2008 bis 2012. Internet: http://de.statista.com/statistik/daten/studie/197383/umfrage/mobile-internetnutzung-ueber-handy-in-deutschland/

[138] Datenquelle: BITKOM: Jeder Dritte hat ein Smartphone. Internet: http://www.bitkom.org/files/documents/BITKOM_Presseinfo_Besitz_von_Smartphones_16_04_2012(1).pdf

[139] Datenquelle, Eurostat: http://epp.eurostat.ec.europa.eu/tgm/table.do?tab=table&plugin=1&language=en&pcode=tin00099

[140] Datenquelle: ebd.

[141] Datenquelle: Destatis, Wirtschaft und Statistik 2011. S. 716

[142] BITKOM: Online-Handel mit ausgezeichneten Perspektiven. Internet: http://www.bitkom.org/files/documents/BITKOM-Presseinfo_Online-Handel_19_07_2012(1).pdf

[143] Destatis: Wirtschaft und Statistik 2011. S.716

[144] Statista: http://de.statista.com/statistik/daten/studie/3979/

auch den Hauptangriffskanal der Cyberkriminellen darstellt – angegeben.[145] Gefolgt von der Suche nach Informationen über Waren und Dienstleistungen mit 87 %.[146]

Dem Statistischen Bundesamt zufolge nutzen im Jahr 2010 87 % der Computernutzer eine Sicherheitssoftware in Form von z. B. eines Virenschutzprogrammes, welche zum großen Teil durch regelmäßige Updates auch auf dem aktuellen Stand gehalten wurde. Lediglich 7 % der Personen führten keine Updates durch. Starke bis mittlere Bedenken wurden hinsichtlich der Infizierung des Computers von 88 % der Nutzer sowie finanzielle Schäden durch Spam-Mails (80 %) beziehungsweise durch den Missbrauch der Geld- oder Kreditkarte (74 %) geäußert.[147]

Aufgrund der aufgeführten Zahlen wird deutlich, dass die Internetnutzung sich in Deutschland etabliert hat und für sämtliche Formen der privaten und kommerziellen Nutzung mittlerweile eine Selbstverständlichkeit darstellt. Auch scheint sich ein großer Teil der Internetnutzer der Gefahren im Netz durchaus bewusst zu sein und beugt dem durch Sicherheitsvorkehrungen wie z. B. durch Virenschutzprogramme und regelmäßige Updates vor. Durch die umfangreiche Nutzung des Internets und die hohen Geldflüsse übt es jedoch auch eine hohe Attraktivität auf Kriminelle aus.

## 5.2.   Kriminalstatistik

Nachfolgend sollen die Fallzahlen des Cybercrime dargestellt und in Relation zur Gesamtkriminalität in Deutschland unter Zuhilfenahme des Bundeslagebildes Cybercrime sowie der Polizeilichen Kriminalstatistik (PKS) jeweils aus dem Jahr 2011 herausgearbeitet werden. Gleichzeitig wird die Entwicklung durch einen Vergleich zu den Zahlen in den Jahren zuvor aufgezeigt. Das Bundeslagebild Cybercrime behandelt die Computerkriminalität im engeren Sinne, bei welcher die Elemente der elektronischen Datenverarbeitung *wesentlich* für die Tatausführung sind.[148] Darunter fallen die Delikte Computerbetrug, Betrug mit Zugangsberechtigungen zu Kommunikationsdiensten, Fälschung beweiserheblicher Daten, Täuschung im Rechtsverkehr bei Datenverarbeitung, Datenveränderung, Computersabotage sowie das Ausspähen und Abfangen von

---

[145] Datenquelle: Destatis: Wirtschaft und Statistik 2011. S. 714

[146] Datenquelle: ebd.

[147] Datenquelle: ebd., S.716 f

[148] vgl. BKA. Cybercrime. Bundeslagebild 2011. S.5

Daten.[149] Dabei ist es aktuell schwierig anhand der erfassten Zahlen eine realistische Bewertung des Phänomens Cybercrime zu treffen, da die dafür relevanten Straftaten wie z. B. die digitale Erpressung von der PKS nicht explizit als solche erfasst werden, sondern lediglich unter dem jeweiligen Oberbegriff, was auch die Straftaten außerhalb des Cybercrime beinhaltet.[150] Nichtsdestotrotz soll nachfolgend eine ungefähre Einschätzung und Tendenz für den Bereich Cybercrime unter Zuhilfenahme der verfügbaren Zahlen aufgezeigt werden.

Die PKS erfasste im Jahr 2007 insgesamt 6.284.661 Straftaten.[151] Vier Jahre später waren es 5.990.679 Straftaten, was eine Verringerung um knapp 5 % darstellt.[152] Entgegen steigerte sich die Cybercrime im engeren Sinne im selben Zeitraum mit über 74 % deutlich von 34.180[153] (2007) auf 59.494[154] (2011) Fälle.

Beim Computerbetrug wurden im Jahr 2011 insgesamt 26.723 Fälle festgestellt, was zurzeit auch die mit Abstand meisten Fälle innerhalb der erfassten Cybercrime ausmacht. Im Jahr 2007 waren es noch 16.274 Fälle, was eine Steigerung um mehr als 64 % darstellt. Im Falle des Computerbetruges gemäß § 263a StGB wird im Gegensatz zum üblichen Betrug (§ 263 StGB) eine Maschine getäuscht. So fällt z. B. das Abheben am Geldautomaten mittels einer Blankokarte oder die Durchführung einer Onlineüberweisung mit den abgegriffenen Daten darunter.[155] [156]

Der Betrug mit Zugangsberechtigungen zu Kommunikationsdiensten ist von 5.998 Fällen im Jahr 2007 auf 4.730 Fälle im Jahr 2011 zurück gegangen, was einer Abnahme von über 21 % entspricht. Dabei handelt es sich um eine Form des Computerbetruges, welcher z. B die Internetnutzung durch abgegriffene Zugangsdaten beinhaltet. Der Rückgang ist mit den immer günstiger werdenden und unlimitierten Internetzugängen zu erklären.[157]

---

[149] vgl. BKA. Cybercrime. Bundeslagebild 2011. S. 6

[150] vgl. ebd., S. 8

[151] Datenquelle: BKA, PKS 2007. S.25

[152] Datenquelle: BKA, PKS 2011. S.29

[153] Datenquelle: BKA. Cybercrime. Bundeslagebild 2011. S. 6

[154] Datenquelle: ebd.

[155] Datenquelle: BKA. Cybercrime. Bundeslagebild 2011. S. 6

[156] Seidl, Fuchs, HRRS 2 / 2010, S. 85 ff

[157] Datenquelle: BKA. Cybercrime. Bundeslagebild 2011. S. 7

Bei der Fälschung beweiserheblicher Daten (§ 269 StGB) sowie der Täuschung im Rechtsverkehr bei Datenverarbeitung (§ 270 StGB) sind die Fallzahlen von 4.419 (Jahr 2007) auf 7.671 (Jahr 2011) Fälle um mehr als 73 % gestiegen. Darunter fällt z. B. die Datenbeschaffung durch das Erstellen und Verschicken der Spam-Mails beziehungsweise der Phishingwebseite oder auch die Onlineüberweisung mittels abgegriffener Daten.[158] [159]

Den größten Sprung mit einer Steigerung von über 325 % machte das Ausspähen und Abfangen von Daten. Waren es im Jahr 2007 noch 4.829 Fälle, so wurden im Jahr 2011 schon 15.726 Fälle angezeigt. Das Ausspähen und Abfangen von Daten umfasst gemäß §§ 202a – 202c StGB z. B. das Abfangen der Daten per Phishing oder die Zugangsverschaffung zu Kontoinformationen einschließlich der Vorbereitungs-handlungen.[160] [161] Auch bei der Datenveränderung sowie der Computersabotage konnte eine deutliche Steigerung von über 74 % beziehungsweise von 2.660 Fällen im Jahr 2007 auf 4.644 Fälle im Jahr 2011 festgestellt werden. Die Straftaten sind in §§ 303a – 303b des Strafgesetzbuches aufgeführt und umfassen z. B. die Infizierung des Opferrechners mittels Malware oder die DDoS-Attacke.[162]

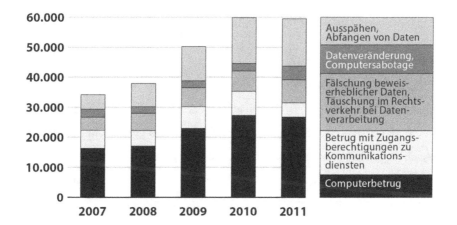

**Cybercrimefälle i.e.S. in Deutschland**
(Datenquelle: BKA, Cybercrime, Bundeslagebild 2011, S. 6 f)

---

[158] Datenquelle: BKA. Cybercrime. Bundeslagebild 2011. S. 7

[159] Seidl, Fuchs, HRRS 2 / 2010, S. 85 ff

[160] Datenquelle: BKA. Cybercrime. Bundeslagebild 2011. S. 7

[161] Seidl, Fuchs, HRRS 2 / 2010, S. 85 ff

[162] LG Düsseldorf: Urteil vom 22.03.2011 – 3 KLs 1/11

Beim Phishing im Bereich des Onlinebanking wurden im Jahr 2006 noch 3.150[163] Fälle verzeichnet. Fünf Jahre später wurde eine Steigerung von über 50% (6.422 Fälle)[164] registriert. Nachdem die Banken flächendeckend einen verbesserten Sicherheitsstandard fürs Onlinebanking – durch die Umstellung vom TAN- auf das iTAN-Verfahren – einführten, sanken zwischenzeitlich die Zahlen des Phishings deutlich auf 1.778 Fälle im Jahr 2008[165]. Kurze Zeit später stellten sich die Täter jedoch auf das neue Verfahren ein, so dass seitdem die Fallzahlen wieder jährlich kontinuierlich steigen und zuletzt ihren Spitzenstand erreichten.[166]

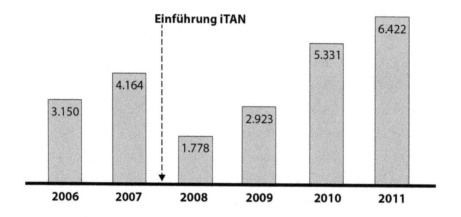

**Phishingfälle in Deutschland**
(Datenquelle: BKA, Cybercrime, Bundeslagebild 2011, S. 11)

Weiterhin ist gerade bei Straftaten des Cybercrime von einem sehr großen Dunkelfeld auszugehen, da viele Opfer z. B. gar nicht erst erkennen, dass ihre Rechner von einer Malware befallen sind oder die Infizierung aufgrund eines guten Schutzes des Systems erfolgreich abgewehrt werden konnte. Die Straftat geht entsprechend nicht über ein Versuchsstadium hinaus und wird nicht zur Anzeige gebracht. Darüber hinaus ersetzten viele Finanzdienstleister den entstandenen Schaden, so dass viele Opfer von der Anzeigenerstattung absehen. Auch ist es möglich, dass viele Unternehmen auf eine Anzeigenerstattung verzichten, um ihre Reputation nicht zu gefährden.[167]

---

[163] Datenquelle: BKA. IuK-Kriminalität. Bundeslagebild 2009. S. 8
[164] Datenquelle: BKA. Cybercrime. Bundeslagebild 2011. S. 11
[165] Datenquelle: ebd.
[166] vgl. ebd.
[167] vgl. ebd., S. 9 und 11

## 5.3.    Schäden

Im Bereich Cybercrime im engeren Sinne wurden lediglich die Schäden für den Bereich Computerbetrug sowie Betrug mit Zugangsdaten zu Kommunikationsdiensten erfasst. Der Gesamtschaden für diese Straftaten entsprach im Jahr 2011 71,2 Millionen Euro. Im Jahr 2007 lagen diese Schäden noch bei 31 Millionen Euro. Dabei entfielen knapp 50 Millionen Euro auf den Computerbetrug sowie 21,2 Millionen Euro auf den Betrug mit Zugangsdaten zu Kommunikationsdiensten. Im Bereich des Onlinebankings konnte ein durchschnittlicher Schaden von 4.000 Euro und ein Gesamtschaden von 25,7 Millionen Euro festgestellt werden. Verglichen mit einer Gesamtschadenssumme von knapp acht Milliarden Euro, welche im Jahr 2011 durch die PKS in ganz Deutschland erfasst wurde, haben die genannten Delikte des Cybercrime mit einem Gesamtschaden von rund 96,9 Millionen Euro und einem Anteil von knapp 1,2 % nur einen sehr geringen Anteil am Gesamtschaden. Es ist jedoch neben der unvollständigen Erfassung der Delikte auch das zuvor erwähnte große Dunkelfeld zu berücksichtigen, so dass der tatsächlich entstandene Schaden deutlich höher ausfallen dürfte.[168] [169]

Eine Befragung durch Statista im Jahr 2009 ergab, dass 17,6 % der befragten Computernutzer in Deutschland einen finanziellen Schaden durch Viren (Malware), 4,3 % durch Online-Auktionen, 4,1 % durchs Online-Shopping und 0,6 % durchs Onlinebanking erlitten. Bei knapp 70 % entstand kein finanzieller Schaden durch die Internetnutzung. Dieses spiegelt auch die Einschätzung des Antivirenunternehmens »Kaspersky Lab« wieder, demnach 29 % der Internetnutzer in Deutschland einem Risiko einer Attacke unterliegen.[170] [171]

---

[168] Datenquelle: BKA, Cybercrime. Bundeslagebild 2011. S. 8 ff

[169] Datenquelle: BKA, PKS 2011. Anhang, Tabelle 7, S. 1

[170] Datenquelle: Statista, Ist ihnen persönlich durch die Nutzung des Internets schon einmal ein finanzieller Schaden entstanden? Internet: http://de.statista.com/statistik/daten/studie/4383/umfrage/finanzieller-schaden-durch-nutzung-des-internets/

[171] Datenquelle: Kaspersky Lab, Geografie der Cyberverbrechen: Westeuropa und Nordamerika. Internet: http://www.viruslist.com/de/analysis?pubid=200883790

# 6.    Prävention

Zur besseren Identifizierung und Abwehr etwaiger Cyberattacken sollen die Kennzeichen einer typischen Phishing-Mail im Speziellen und grundsätzliche Präventionshinweise im Allgemeinen nachfolgend beschrieben werden.

## 6.1.    Kennzeichen einer Phishing-Mail

Am 28.04.2013 bekam ich eine E-Mail mit der Überschrift »PayPal – Konto« vom Absender »PayPal.de«.[172] Bei »PayPal« handelt es sich um einen Zahlungsdienstleister, über welchen im Netz bezahlt werden kann. Da ich den Dienst tatsächlich auch persönlich nutze, fühlte ich mich angesprochen.

Die erste Auffälligkeit ist bereits im Kopf der Mail bei den Absenderdaten zu erkennen. Die echte deutsche Webseite von PayPal ist über die Adresse www.paypal.com/de zu erreichen. In der Mail wird hingegen der Absendername »paypal.de« und der Absenderkontakt »service@paypal-europa.biz« verwendet.

Im Nachrichtentext wird mit persönlicher Anrede – wenn auch mit falscher Codierung des Buchstaben »ü« im Nachnamen – angegeben, dass mein Konto aufgrund ungewöhnlicher Zahlungsaktivitäten eingeschränkt worden sei.

Paypal
Kartenverifizierung

Sehr geehrte/r Alexander H?bert

Ihr PayPal-Konto ist vorübergehend eingeschränkt.
unten sehen Sie alle Details zur Kontoeinschränkung auf einen Blick.

Weiterhin wird eine Bearbeitungsnummer angezeigt, die ungewöhnliche Zahlungsaktivität in Höhe von 50 Euro unterhalb der Nachricht aufgelistet und auf einen Missbrauch

---

[172] Anlage 6

des Kontos hingewiesen, um die Glaubwürdigkeit und den Druck auf ein schnelles Handeln zu erhöhen.

Um die angebliche Einschränkung aufzuheben, soll man sich über einen Link in der Mail verifizieren. Der Link führt dabei zur Phishingseite des Absenders »paypal-germany.biz«.

Diese gleicht in diesem Fall der echten Webseite von PayPal im Aussehen und wird von den Tätern kurzzeitig unter einer namensähnlichen Adresse registriert, um entsprechende Daten – hier die Anmeldedaten von PayPal-Kunden – abzugreifen. Sobald das Opfer – in dem Glauben sich auf der echten Webseite zu befinden – versucht, sich auf der Webseite anzumelden, werden die Anmeldedaten an die Täter übermittelt. Diese können sich dann umgehend mit den übermittelten Anmeldedaten bei PayPal anmelden, das Opfer aussperren und das Konto zum Einkaufen nutzen.

Dabei sind die Phishingmails nicht immer so leicht zu erkennen, wie im aufgeführten Beispiel. Die Absenderdaten können z. B. komplett gefälscht und hierdurch als Originaldaten ausgegeben werden. Weiterhin könnten Webadressen registriert werden, die nicht auf den ersten Blick als Phishingseiten zu erkennen sind und sich nur marginal von der Originalseite unterscheiden – durch Änderung eines Buchstabens, einer Ziffer oder der Domainendung. Auch kursieren derzeit gefälschte Rechnungsmails von der Telekom. Die angehängte Rechnung sieht der Originalrechnung zum verwechseln ähnlich, beinhaltet jedoch ein Programm, welches beim Starten den Rechner mit einer Malware infiziert.[173] So gilt es die Herkunft der Mail genau zu prüfen und möglichst keinen Links in der Mail zu folgen, sondern die Originalseite aufzusuchen um etwaige Probleme zu klären beziehungsweise Rechnungen einzusehen.

## 6.2.    Präventionshinweise

Grundsätzlich muss gesagt werden, dass informationstechnische Systeme keine absolute Sicherheit gegen unbefugte Zugriffe bieten können. So kann auch ein besonders gesichertes System ohne Internetzugang durch physischen Zugriff infiziert werden, wie das bekannte Beispiel der Schadsoftware »Stuxnet« im Jahr 2010 bei der Störung der iranischen Atomanlagen gezeigt hat.[174] Durch die Befolgung zuvor genannter und folgender Sicherheitshinweise kann jedoch die Möglichkeit einer Infizierung des Rechners stark minimiert werden.

So sollte sämtliche Software, wie das Betriebssystem, der Browser und etwaige Plug-Ins, wie z. B. der PDF-Reader oder der Flash-Player immer auf aktuellem Stand gehalten werden, um bekannte oder erkannte Sicherheitslücken zu schließen und dadurch die Einschleusung von Schadsoftware zu verhindern. Diese Updates sollten entweder automatisch über die jeweilige Software oder über die Originalseite des Anbieters erfolgen und nicht über Drittseiten, auf welchen sich infizierte Updates befinden könnten. Weiterhin ist ein aktuelles Antivirenprogramm anzuraten. Dieses scannt den Rechner regelmäßig nach Schadsoftware und kann auch den Mail- und Browserverkehr überwachen und somit infizierte Anhänge und Internetseiten erkennen. Dabei ist auf ein bewährtes Antivirenprogramm zu achten, da mittlerweile auch gefälschte und infizierte

---

[173] vgl. Heise-Online, Böser Zwilling der Telekom-Rechnung hat Virus im Gepäck. Internet:
http://www.heise.de/newsticker/meldung/Boeser-Zwilling-der-Telekom-Rechnung-hat-Virus-im-Gepaeck-1864889.html
[174] vgl. Spiegel-Online, Irans Atomprogramm: Ahmadinedschad räumt Virus-Attacke ein. Internet:
http://www.spiegel.de/netzwelt/gadgets/irans-atomprogramm-ahmadinedschad-raeumt-virus-attacke-ein-a-731881.html

Antivirenprogramme im Umlauf sind.[175] Doch auch das beste Antivirenprogramm kann von einer noch frischen und unbekannten Malware umgangen werden.

Ein gesundes Misstrauen ist beim Surfen im Internet sehr hilfreich. Unternehmen fragen generell nicht nach Zugangsdaten per Mail oder Telefon. Es sollte auf verdächtige Links geachtet werden. Insbesondere Links, welche über eine Mail aufgerufen werden sollen oder von einem Unbekannten in einem Sozialen Netzwerk oder Chat z. B. mit dem Hinweis »besonders sehenswert« oder »kennst du diese Person?« etc. verbreitet werden. Das Onlinebanking oder die Übermittlung von Zahlungsvorgängen findet über verschlüsselte Verbindungen unter Zuhilfenahme von Zertifikaten statt. Diese werden zentral vergeben und weisen sich bei dem Browser aus, was durch ein Symbol neben der Adressleiste oder den Worten »sicher« oder »vertrauenswürdig« im Browser kenntlich gemacht wird. Soll man einen Zahlungsvorgang auf solch einer Seite ohne entsprechende Hinweise einleiten, sollte man Verdacht schöpfen. Auch sollten Mailanhänge gemieden werden und stattdessen z. B. zur Einsicht von Rechnungen die Originalseite über ein Lesezeichen im Browser oder manuelles Eintippen der Internetadresse aufgesucht werden. Niemand verschenkt einfach so Geld und Wertgegenstände. Hinter Gewinnmitteilungsmails verstecken sich oftmals Betrüger. Hinter aktueller Software, die üblicherweise mehrere hundert Euro kostet, jedoch umsonst oder zu einem unrealistisch niedrigen Preis angeboten wird, versteckt sich häufig zusätzlich eine Malware. Das gleiche gilt z. B. für Dateien, welche kostenlos über Tauschbörsen verteilt werden, wie populäre Kinofilme oder Musikstücke. Gefälschte Webshops sind oftmals daran zu erkennen, dass diese als Zahlungsart nur die Vorauszahlung und die Kreditkarte akzeptieren und kein, beziehungsweise kein vollständiges Impressum oftmals ohne Telefonnummer aufweisen.[176]

Darüber hinaus bestehen sowohl bundes- und landesweite als auch lokale Angebote seitens der Sicherheitsbehörden, Branchenverbänden und Vereinen, welche sich mit aktuellen Themen der Computer- und Internetsicherheit befassen und beratend tätig werden. So beschäftigt sich auf Bundes- und Landesebene beispielsweise das »Programm Polizeiliche Kriminalprävention der Länder und des Bundes« u. a. mit den

---

[175] vgl. Kaspersky Lab, Geografie der Cyberverbrechen: Westeuropa und Nordamerika. Internet:
http://www.viruslist.com/de/analysis?pubid=200883790

[176] vgl. Knoke, Spiegel-Online, Betrug im Internet: Neun Tipps gegen die Tricks der Datendiebe. Internet:
http://www.spiegel.de/netzwelt/web/betrug-im-internet-neun-tipps-gegen-die-tricks-der-datendiebe-a-738621.html

Gefahren im Internet und bietet entsprechende Beratungsmöglichkeiten an.[177] Viele Polizeipräsidien bieten auch lokale Beratungen an, z. B. das Kriminalkommissariat Vorbeugung in Bielefeld, welches auch das Projekt »Surfen mit SIN(N); Sicher im Netz«[178] in Kooperation mit dem Medienzentrum der Stadt Bielefeld begleitet. Der Branchenverband »eco« bietet in Zusammenarbeit mit dem Bundesamt für Sicherheit in der Informationstechnik auf ihrer Webseite Informationen und Tools zur Bekämpfung und Vorbeugung von Schadsoftware.[179] Die Verbraucherschutzzentrale NRW listet in ihrem Phishing-Radar die aktuell bekannten Phishingmails auf.[180] Während die Arbeitsgruppe »Identitätsschutz im Internet« sich mit sämtlichen Themen des Identitätsschutzes befasst und ebenfalls beratend tätig wird.[181]

# 7. Fazit

Das Internet ist eine der wichtigsten Errungenschaften des modernen Menschen. Es bringt täglich Individuen und ihre Hobbys auf der ganzen Welt zusammen, kann zu einer großen Zeitersparnis und Effizienzsteigerung in allen erdenklichen Bereichen führen, erleichtert den Alltag und konzentriert und vermittelt Wissen, wovon auch diese Arbeit profitierte. Doch auch Kriminelle wissen sich des mächtigen Werkzeuges zu bedienen. Die gegebenen technischen Möglichkeiten gestatten es den Tätern die Rechner der Opfer zu infizieren, ihre Daten abzugreifen und sie dadurch auch zu erpressen und so letzten Endes einen geldwerten Vorteil daraus schöpfen zu können.

Die effektive Vernetzung in Untergrundforen und Webshops ermöglicht den Tätern hohe Geldbeträge umzusetzen und verursacht entsprechend hohe Schadenssummen, die weit über die Summen hinausgehen, welche einem Einzeltäter möglich gewesen wären. Auch Kriminelle ohne umfassende technische Fertigkeiten oder Programmierkenntnisse befähigt die beschriebene Vernetzung, durch ein koordiniertes und arbeitsteiliges Vorgehen, hohe Geldbeträge abzugreifen oder die hohe Rechenkapazität der Botnetze zu kriminellen Zwecken einzusetzen, solange ausreichend finanzielle Mittel vorhanden sind. Mittlerweile bieten technisch fundierte Spezialisten für jeden denkbaren Bereich

---

[177] http://www.polizei-beratung.de/themen-und-tipps/gefahren-im-internet.html
[178] http://www.surfen-mit-sinn.de
[179] https://www.botfrei.de
[180] http://www.vz-nrw.de/phishing-radar
[181] https://www.a-i3.org/

ihre Leistungen auf entsprechenden Plattformen gegen Bezahlung an. Weiterhin hat sich auch die dynamische und hohe Anpassungs- und Innovationsfähigkeit der Kriminellen gezeigt, wie beispielsweise bei der Umgehung des verbesserten Sicherheitsstandards »mTAN« der Banken und der Infizierung von Smartphones.

Es wird deutlich, dass es sich bei der Cyberszene nicht mehr nur um Hobbyhacker handelt, welche sich einen kostenlosen Internetzugang zu erschleichen versuchen. Vielmehr hat sich daraus eine Form der organisierten Kriminalität mit Millionenumsätzen entwickelt. In der Dokumentation »Angriff aus dem Internet« von Klaus Scherer, welche im Jahr 2011 durch die ARD ausgestrahlt wurde, äußert der FBI-Ermittler Keith Mularski, welcher Undercover im Bereich der Underground Economy ermittelte, dass mittlerweile aufgrund der hohen Geldflüsse in der Cyberszene auch gewaltbereite Syndikate in den Bereich drängen. Dementsprechend sind Geiselnahmen, Folterungen und Morde nicht mehr unüblich.[182] [183]

Wie den Ausführungen zu den statistischen Werten zu entnehmen ist, hat die Cyberkriminalität derzeit einen relativ geringen Fall- und Schadensanteil an der Gesamtkriminalität in Deutschland. Dabei ist jedoch zu beachten, dass es sich um unvollständig erfasste Zahlen handelt, welche nicht den kompletten Bereich der Cyberkriminalität abbilden können. Bei den Zahlenwerten hingegen, welche erfasst wurden, fallen die Steigerungsraten alarmierend hoch aus. Darüber hinaus lässt das zu erwartende Dunkelfeld deutlich höhere Fall- und Schadenzahlen vermuten. Die Tendenz zeigt klar nach oben.

Zusammenfassend lässt sich somit sagen, dass die Cyberkriminalität aktuell in der Tat eine Gefährdung für den Computer- und Internetnutzer durch die vernetzten und professionalisierten Strukturen der Cyberszene darstellt, die bisher jede ihnen gestellte Sicherheitshürde überwinden konnte. Dieses wurde auch durch die Unternehmen, Behörden und Politik erkannt. So wurde z. B. das »Übereinkommen über Computerkriminalität« bereits am 23. November 2001 durch die 26 Länder des Europarats sowie den Ländern USA, Kanada, Japan und Südafrika zum Zwecke der Angleichung von länderspezifischen Computerstrafrechtsregelungen unterzeichnet. Dieses soll u. a. die grenzüber-

---

[182] vgl. Scherer, Angriff aus dem Internet, ab 18. Minute

[183] vgl. Spiegel-Online: Festnahme nach Banken Hack: Erst der Raub, dann die Rolex. Internet: http://www.spiegel.de/panorama/millionen-raub-polizei-nimmt-sieben-verdaechtige-fest-a-899097.html

schreitende Identifizierung von Internetnutzern und Domainbesitzern sowie die Löschung von Internetseiten mit strafbaren Inhalten ermöglichen.[184] Durch die beschriebenen Verschleierungstaktiken der Kriminellen, Nutzung von Anonymisierungsdiensten und Länder, welche nicht an dem »Übereinkommen über die Computerkriminalität« teilgenommen haben und wenig restriktive Internetgesetze aufweisen, ist es jedoch teilweise nach wie vor sehr schwer an die Drahtzieher heranzukommen. Nichtsdestotrotz konnten die beschriebenen Beispiele aufzeigen, dass größere Schlägen gegen die Cyberszene möglich sind, auch wenn diese bisher leider nur wenig gegen die deutlich steigende Fallzahlen ausrichten konnten. Was auch dafür spricht, dass es noch genug Kriminelle gibt, welche umgehend in die Fußstapfen solch großer und still gelegter Plattformen treten können. Ein logischer und richtiger Schritt war es auch Kompetenzzentren zur Bekämpfung der Cyberkriminalität – wie z. B. in Nordrhein-Westfalen[185] oder auf Europaebene[186] geschehen – einzurichten beziehungsweise speziell geschultes Personal[187] in den Sicherheitsbehörden einzustellen, um organisierter, effektiver und damit auch im Ergebnis erfolgreicher gegen Kriminelle dieser Szene vorgehen zu können. Grundsätzlich gilt es auf eine gute Vernetzung sämtlicher Sicherheitsbehörden und Unternehmen zu achten, um entsprechend schnell und qualifiziert auf etwaige Angriffe reagieren zu können. So hat sich z. B. gezeigt, dass die Zusammenarbeit zwischen Sicherheitsunternehmen und Sicherheitsbehörden zu einer erfolgreichen Zerschlagung von Untergrundplattformen oder Botnetzen führen kann. Auch die Unternehmen versuchen zu immer mehr Sicherheit bei ihren Onlinekunden beizutragen. Sei es durch die Entwicklung von höheren Sicherheitsstandards beim Onlinebanking oder durch die Anpassung an das Vorgehen der Kriminellen. Beispielsweise ist es für die Täter nicht mehr so einfach möglich den Berechtigten von einem übernommenen Zugang auszusperren ohne sofort aufzufallen, da größere Unternehmen, wie z. B. Amazon oder PayPal jegliche Änderungen im Kundenkonto umgehend an die ursprünglich hinterlegte E-Mail-Adresse melden und entsprechende Kontaktmöglichkeiten bei Verdacht einer unberechtigten Nutzung bieten. Was jedoch auch wiederum den Kriminellen durch gefälschte Änderungsmails ermöglicht weitere Phishingattacken durchzuführen.

---

[184] vgl. Europarat, Übereinkommen über Computerkriminalität. Internet: http://conventions.coe.int/treaty/ger/treaties/html/185.htm
[185] Spiegel-Online. Innenminister preist neues Cybercrime-Zentrum. Internet: http://www.spiegel.de/netzwelt/netzpolitik/nordrhein-westfalen-innenminister-preist-neues-cybercrime-zentrum-a-776789.html
[186] Heise-Online. EU-Kommissarin eröffnet Cybercrime-Zentrum. 11.01.2013. Internet: http://www.heise.de/newsticker/meldung/EU-Kommissarin-eroeffnet-Cybercrime-Zentrum-1781793.html
[187] Schneider, Gauss: S.15

Durch diese Arbeit soll keineswegs der Eindruck vermittelt werden, dass die typischen Straftaten der Cyberkriminalität nur im Internet statt finden. Wie aufgezeigt, arbeitet die Szene auch Offline durch Fälschung von Dokumenten oder zum Zwecke der Geldwäsche durch Einsatz von oftmals ahnungslosen Finanz- oder Warenagenten. Auch werden auf den beschriebenen Plattformen Geräte für das sogenannte »Skimming« gehandelt. Dabei handelt es sich um Kartenlesegeräte, kleine Kameras und Nummerntastaturen, welche an Geldautomaten eingesetzt werden, um die Daten der Bankkunden abzugreifen. So gilt es möglichst breit über das Vorgehen der Cyberszene und deren Taktiken aufzuklären sowie über die verschiedenen Schutzmöglichkeiten zu beraten. Allein durch das Erkennen von Phishingmails sowie gefälschten Webshops, sorgsamen Umgang mit den persönlichen Daten und einem gesunden Misstrauen beim Surfen im Internet lässt sich ein großer Teil der Angriffe abwehren. Eine absolute Sicherheit im Internet ist jedoch auf absehbare Zeit nicht denkbar und durch die damit zu erwartenden großen Einschränkungen der derzeitigen Freiheiten im Netz auch nicht wünschenswert.

# 8. Anlagen

## 8.1. Anlage 1: BKA-Trojaner Bildschirmanzeige

## 8.2. Anlage 2: GEMA-Trojaner Bildschirmanzeige

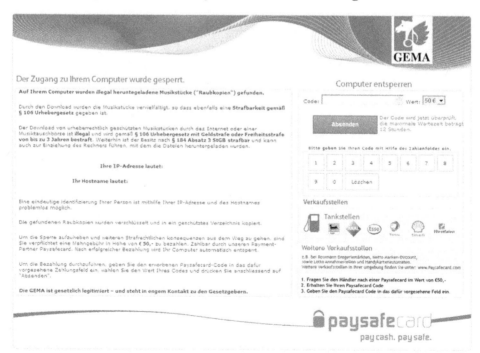

## 8.3. Anlage 3: Bundespolizei-Trojaner Bildschirmanzeige

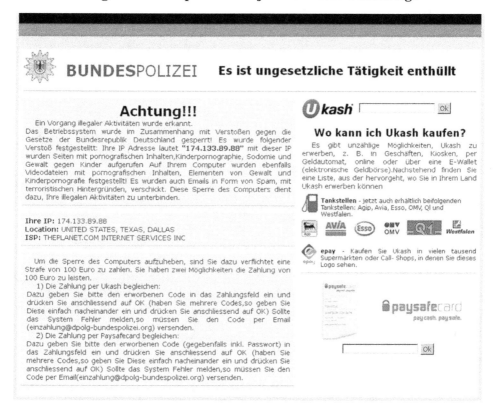

## 8.4. Anlage 4: Antivirus-Trojaner Bildschirmanzeige

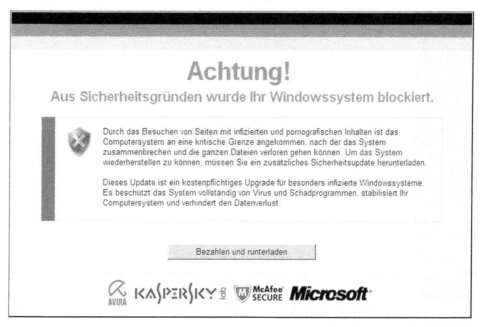

## 8.5.    Anlage 5: GVU-Trojaner Bildschirmanzeige

### ACHTUNG!

IP:
Location:
IPS:

Ihr Computer ist aus einem oder mehreren der unten aufgeführten Gründe gesperrt.

Sie haben gegen das Gesetz über «Urheberrecht und verwandte Schutzrechte» (Video, Musik, Software) verstoßen und unrechtmäßig urheberrechtliche Inhalte genutzt, bzw. verbreitet und somit gegen **Art. 128 des Strafgesetzbuches der Bundesrepublik Deutschland** verstoßen.

Art. 128 des Strafgesetzbuches zieht eine Strafe in Höhe von 2 bis 500 Mindestlöhnen oder eine Freiheitsstrafe von 2 bis 8 Jahren in Betracht.

Sie haben verbotene pornografische Inhalte eingesehen oder (Child Porn / Zoophilie .) und damit gegen Art. 202 des Strafgesetzbuches der Bundesrepublik Deutschland verstoßen. Art. 202 des Strafgesetzbuches zieht eine Freiheitsstrafe von 4 bis 12 Jahren in Betracht.

Von ihrem Computer aus wurde ein rechtswidriger Zugang zu Computerdaten durchgeführt oder Sie... Art. 208 des Strafgesetzbuches zieht eine Strafe in Höhe von **€100.000** und/oder Freiheitsstrafe von **4** bis **9** Jahren in Betracht.

Von ihrem Computer aus wurde ein rechtswidriger Zugang ohne ihre Kenntnis durchgeführt. Womöglich ist ihr Computer von schädlichen Programmen befallen, diesbezüglich verstoßen sie das Getz über die **"Fahrlässige Verwendung eines Computers"**.

Art. 210 des Strafgesetzbuches zieht eine Strafe von **€2000** bis **€8000** in Betracht.   Von ihrem Computer aus wurden Spamvorgänge durchgeführt – das Versenden von Spamnachrichten oder jeglichen anderen rechtswidrige Werbehandlungen mit der Absicht Profit zu machen. Womöglich wurde dies ohne ihre Kenntnis durchgeführt und ihr Computer ist von schädlichen Programmen befallen.

Art. 212 des Strafgesetzbuches zieht eine Strafe von in Höhe von **€250.000** und eine Freiheitsstrafe von bis zu 6 Jahren in Betracht. Wurde diese Handlung ohne ihre Kenntnis durchgeführt, so fallen sie unter den oben aufgeführten Art. 210 des Strafgesetzbuches der Bundesrepublik Deutschland.   Derzeit wird ihre Person und ihr Standort festgestellt, innerhalb von **72** Stunden wird ein Strafverfahren bezüglich einem oder mehreren der oben aufgeführten Artikel eingeleitet.

Im Zusammenhang mit der Änderung des Strafgesetzbuches der Bundesrepublik Deutschland vom 28 Mai 2012 kann das vorliegende Vergehen (wenn es nicht wiederholt begangen wurde) als Verwarnung angesehen werden im Falle einer etwaigen Strafzahlung an den Staat.  Die Strafe kann jeweils nur **72** Stunden nach Begehen der Straftat entrichtet werden. Nach Ablauf der Frist von **72** Stunden verfällt die Möglichkeit einer Strafzahlung und innerhalb der nächsten **72** Stunden wird automatisch gegen Sie ein Strafverfahren eingeleitet.

**Der Betrag der Strafzahlung beläuft sich auf €100 Ukash oder Paysafecard**

Bei dem Entrichten der Strafe wird ihr Computer innerhalb von **1 – 72** Stunden nach Eingang des Geldes auf dem Staatskonto entsperrt.

Nach der Entsperrung ihres Computers werden ihnen 7 Tage gegeben, um all ihre Verstöße zu korrigieren.

Wenn nach Ablauf der 7 Tage nicht alle Gesetzesverstöße korrigiert worden sind, wird ihr Computer erneut gesperrt und gegen sie wird automatisch ein Strafverfahren bezüglich einem oder mehreren der oben aufgeführten Artikel eingeleitet.

**Unten sind folgende Zahlungsarten für die Strafzahlung an den Staat aufgeführt.**

© Bundespolizei

## 8.6. Anlage 6: Spam-Mail »PayPal«

PayPal - Konto                                                          Sonntag, 28. April 2013 12:36:21

Von   PayPal.de <Service@paypal-europa.biz>
An    alexander.huebert@gmail.com

⊖ Diese Nachricht enthält blockierte Bilder.          ☐ Von Service@paypal-europa.biz immer Bilder laden   Bilder laden

PayPal

Paypal
Kartenverifizierung

Sehr geehrte/r **Alexander H?bert**

Ihr PayPal-Konto ist vorübergehend eingeschränkt.
unten sehen Sie alle Details zur Kontoeinschränkung auf einen Blick.

Im Rahmen unserer Sicherheitsmaßnahmen prüfen wir regelmäßig alle Vorgänge im
PayPal-System. Bei einer Überprüfung haben wir kürzlich ein Problem im Zusammenhang
mit Ihrem Konto festgestellt.

Bitte helfen Sie uns dabei, Ihr PayPal-Konto wieder in Ordnung zu bringen. Bis dahin
haben wir den Zugang zu Ihrem PayPal-Konto vorübergehend eingeschränkt.

**Wo liegt das Problem?**

Bei Ihrer letzten Paypal Zahlung sind uns ungewöhnliche Aktivitäten aufgefallen.
Es besteht der Verdacht des Missbrauchs durch Dritte.

Bearbeitungsnummer: **A234-C234-734-D274**

**Wie sollten Sie vorgehen?**

Bitte verifizieren Sie sich über folgenden Link durch einen Abgleich Ihrer Daten als
rechtmäßiger Besitzer. Im Anschluss können Sie Ihr Konto wieder uneingeschränkt nutzen:

Einloggen

**Informationen**

**Gesendet an:** alexander.huebert@gmail.com
**Bearbeitungsnummer:** A234-C234-734-D274
**Datum:** 28 April.2013
**Artikel:** 2x Vodafone - 25 €
**Verkäufer:** Alphacomm Prepaid Services Germany B.V.
**Betrag:** 50,00 €

**Händler-Kontaktinformationen**
**Name:** Alphacomm Prepaid Services Germany B.V. GmbH
**Website:** http://www.aufladen.de/
**E-Mail:** kontakt@aufladen.de

Passwort vergessen?      Brauchen Sie Hilfe?      Wo möchten
Passwort                 Kontakt aufnehmen         Sie einkaufen?
zurücksetzen                                       Shops finden

# 9. Literaturverzeichnis

**Bolduan**, Gordon: Digitaler Untergrund. Zeitschrift: Technology Review, Ausgabe 4 / 2008, S. 26 – 34. Heise Zeitschriften Verlag GmbH & Co. KG, Hannover 2008.

**Fox**, Dirk: Phishing. Zeitschrift: Datenschutz und Datensicherheit (DuD), Ausgabe 6 / 2005, S. 365, Wiesbaden 2005.

**Gercke**, Marco: Die Strafbarkeit von »Phishing" und Identitätsdiebstahl. Computer und Recht, Verlag Dr. Otto Schmidt, Köln 2005

**Kochheim**, Dieter: Cybercrime – Malware, Social Engineering, Underground Economy, Hannover 2010.

ders.: Phishing – Wie funktionieren die Informationstechnik und das Internet, Hannover 2007.

**Rosenbach**, Marcel; **Ulrich**, Andreas: Computerkriminalität – Armee aus dem Kinderzimmer. Zeitschrift: Der Spiegel, Ausgabe 49 / 2009, S. 108 – 109. SPIEGEL-Verlag Rudolf Augstein GmbH & Co. KG, Hamburg 2009.

**Schneider**, Dieter; **Gauss**, Daniel: Cyberkriminalität verändert die Kriminalitätslandschaft. Cyberkriminalität und die Folgen der Digitalisierung des Alltags – die zentrale Herausforderung für Staat und Gesellschaft. Zeitschrift: Der Kriminalist, Ausgabe 12/2012 – 01/2013, S. 11 – 17. Bund Deutscher Kriminalbeamter e.V., Berlin 2012.

**Schönbohm**, Arne: Deutschlands Sicherheit – Cybercrime und Cyberwar, Verlag Monsenstein und Vannerdat OHG, Münster 2011.

**Seidl,** Alexander; **Fuchs,** Katharina: Die Strafbarkeit des Phishing nach Inkrafttreten des 41. Strafrechtsänderungsgesetzes. Zeitschrift: HRRS – Onlinezeitschrift für Höchstrichterliche Rechtsprechung zum Strafrecht, Ausgabe 2 / 2010, S. 85 – 92. Herausgeber: RA Dr. iur. h.c. Gerhard Strate, Hamburg 2010.

**Wieland,** H. R.: Computergeschichte(n) – nicht nur für Geeks. Von Antikythera zur Cloud, Bonn 2011.

# 10.    Quellenverzeichnis

**BGH**, Bundesgerichtshof, Karlsruhe. Urteil vom 24.01.2013, AZ III ZR 98/12. Bundesgerichtshof erkennt Schadensersatz für den Ausfall eines Internetanschlusses zu. Internet: http://juris.bundesgerichtshof.de/cgi-bin/rechtsprechung/document.py?Gericht=bgh&Art=pm&pm_nummer=0014/13 [Aufruf: 07.05.2013]

**BITKOM,** Bundesverband Informationswirtschaft, Telekommunikation und neue Medien e.V., Berlin: Jeder Dritte hat ein Smartphone vom 16.04.2012. Internet: http://www.bitkom.org/files/documents/BITKOM_Presseinfo_Besitz_von_Smar tphones_16_04_2012(1).pdf [Aufruf: 07.05.2013]

dies.: Online-Handel mit ausgezeichneten Perspektiven vom 19.07.2013. Internet: http://www.bitkom.org/files/documents/BITKOM-Presseinfo_Online-Handel_19_07_2012(1).pdf [Aufruf: 07.05.2013]

**Bizeul,** David: Russian Buisness Network study vom 20.11.2007. Internet: http://www.bizeul.org/files/RBN_study.pdf [Aufruf: 10.05.2013]

**BKA,** Bundeskriminalamt, Wiesbaden. IuK-Kriminalität, Bundeslagebild 2009. Wiesbaden 2010. Internet: http://www.bka.de/nn_224082/SharedDocs/Downloads/DE/Publikationen/Jahres berichteUndLagebil-der/Cybercrime/iukKriminalitaetBundeslagebild2009,templateId=raw,property=publicationFile.pdf/iukKriminalitaetBundeslagebild2009.pdf [Aufruf: 17.05.2013]

**BKA,** Bundeskriminalamt, Wiesbaden: Cybercrime, Bundeslagebild 2011. Wiesbaden 2012. Internet: http://www.bka.de/nn_224082/SharedDocs/Downloads/DE/Publikationen/Jahres berichteUndLagebil-der/Cybercrime/cybercrime2011,templateId=raw,property=publicationFile.pdf/cybercrime2011.pdf [Aufruf: 07.05.2013]

dies.: Polizeiliche Kriminalstatistik Bundesrepublik Deutschland, Berichtsjahr 2011. Wiesbaden 2012. Internet: http://www.bka.de/nn_242508/SharedDocs/Downloads/DE/Publikationen/Polize ilicheKriminalsta-tistik/pksJahrbuecherBis2011/pks2011,templateId=raw,property=publicationFile .pdf/pks2011.pdf [Aufruf: 17.05.2013]

dies.: Polizeiliche Kriminalstatistik Bundesrepublik Deutschland, Berichtsjahr 2007. Wiesbaden 2008. Internet: http://www.bka.de/nn_242508/SharedDocs/Downloads/DE/Publikationen/Polize ilicheKriminalsta-tistik/pksJahrbuecherBis2011/pks2007,templateId=raw,property=publicationFile .pdf/pks2007.pdf [Aufruf: 17.05.2013]

**BSI,** Bundesamt für Sicherheit in der Informationstechnik: SPIT und Vishing. Internet: https://www.bsi.bund.de/DE/Themen/ITGrundschutz/ITGrundschutzKataloge/In halt/_content/g/g05/g05135.html [Aufruf: 08.05.2013]

**CCC,** Chaos Computer Club: Analyse einer Regierungs-Malware, Berlin 2011. Internet: http://www.ccc.de/system/uploads/76/original/staatstrojaner-report23.pdf [Aufruf: 07.05.2013]

**Com-Magazin:** Hosts-Datei für Profis – Pharming: Hosts-Datei missbraucht vom 26.10.2012. Internet: http://www.com-magazin.de/praxis/windows/hosts-datei-fuer-profis-65118.html?page=3_pharming-hosts-datei-missbraucht [Aufruf: 09.05.2013]

dies.: Schwarzmarkt: iOS-Lücke für 250.000 US-Dollar vom 28.03.2012. Internet: http://www.com-magazin.de/news/sicherheit/schwarzmarkt-ios-luecke-fuer-250.000-us-dollar-6422.html [Aufruf: 10.05.2013]

**Destatis,** Statistisches Bundesamt, Wiesbaden: 42,3 Millionen Menschen kaufen über das Internet ein. Internet: https://www.destatis.de/DE/PresseService/Presse/Pressemitteilungen/2012/12/P D12_422_63931.html [Aufruf: 06.05.2013]

dies.: Statistisches Jahrbuch 2012 – Deutschland und Internationales. Internet: https://www.destatis.de/DE/Publikationen/StatistischesJahrbuch/StatistischesJah rbuch2012.pdf?__blob=publicationFile [Aufruf: 07.05.2013]

dies.: Wirtschaft und Statistik 2011. Internet: https://www.destatis.de/DE/Publikationen/WirtschaftStatistik/Informationsgesell schaft/InternetnutzungHaushalte_82011.pdf?__blob=publicationFile [Aufruf: 07.05.2013]

**Duden,** Dudenverlag, Berlin: Phishing. Internet: http://www.duden.de/rechtschreibung/Phishing [Aufruf: 07.05.2013]

**Europarat:** Übereinkommen über Computerkriminalität vom 23.11.2001. Internet: http://conventions.coe.int/treaty/ger/treaties/html/185.htm [Aufruf: 23.05.2013]

**Eurostat,** Statistisches Amt der Europäischen Union, Luxemburg: Individuals using the Internet for Internet banking. Internet: http://epp.eurostat.ec.europa.eu/tgm/table.do?tab=table&plugin=1&language=en &pcode=tin00099 [Aufruf: 06.05.2013]

**G Data:** Whitepaper 04 / 2010 – Underground Economy – Update. Internet: http://www.gdata.de/uploads/media/GData_Whitepaper_04_2010_GER_Screen. pdf [Aufruf: 13.05.2013]

dies.: Whitepaper 2009 – Underground Economy. Internet: http://www.gdata.de/uploads/media/Whitepaper_Underground_Economy_9_200 9_DE.pdf [Aufruf: 10.05.2013]

**Heise-Online:** Angriffe auf deutsche mTAN-Banking-User vom 05.04.2011. Internet: http://www.heise.de/security/meldung/Angriffe-auf-deutsche-mTAN-Banking-User-1221951.html [Aufruf: 10.05.2013]

dies.: Böser Zwilling der Telekom-Rechnung hat Virus im Gepäck vom 16.05.2013. Internet: http://www.heise.de/newsticker/meldung/Boeser-Zwilling-der-Telekom-Rechnung-hat-Virus-im-Gepaeck-1864889.html [Aufruf: 21.05.2013]

dies.: EU-Kommissarin eröffnet Cybercrime-Zentrum vom 11.01.2013. Internet: http://www.heise.de/newsticker/meldung/EU-Kommissarin-eroeffnet-Cybercrime-Zentrum-1781793.html [Aufruf: 23.05.2013]

dies.: Gefährliche Lücke in aktueller Java-Version vom 10.01.2013. Internet: http://www.heise.de/newsticker/meldung/Gefaehrliche-Luecke-in-aktueller-Java-Version-1780850.html [Aufruf: 07.05.2013]

**Kaspersky Lab:** Geografie der Cyberverbrechen: Westeuropa und Nordamerika vom 12.09.2012. Internet: http://www.viruslist.com/de/analysis?pubid=200883790 [Aufruf: 14.05.2013]

**Knoke,** Felix. Spiegel-Online, Betrug im Internet: Neun Tipps gegen die Tricks der Datendiebe vom 10.01.2011. Internet: http://www.spiegel.de/netzwelt/web/betrug-im-internet-neun-tipps-gegen-die-tricks-der-datendiebe-a-738621.html [Aufruf: 21.05.2013]

**LG Düsseldorf,** Landgericht. Urteil vom 22.03.2011, AZ: 3 KLs 1/11. Computersabotage in 6 Fällen. Internet: http://openjur.de/u/165558.html [Aufruf: 17.05.2013]

**LG Köln,** Landgericht. Urteil vom 05.12.2007, AZ: 9 S 195/07. Schadensersatz gegen Finanzagenten. Internet: http://www.justiz.nrw.de/nrwe/lgs/koeln/lg_koeln/j2007/9_S_195_07urteil20071205.html [Aufruf: 09.05.2013]

**Lischka**, Konrad. Spiegel-Online: Banken Hack: So lief der Millionen-Cyber-Diebstahl ab vom 10.05.2013. Internet: http://www.spiegel.de/netzwelt/netzpolitik/millionen-diebstahl-so-hackten-die-taeter-banken-a-899058.html [Aufruf: 13.05.2013]

**LKA Bayern**: »Paketagent« - Internetbetrüger missbrauchen unbedachte Bürger zur Geldwäsche vom 08.05.2013, Internet: http://www.polizei.bayern.de/lka/news/presse/aktuell/index.html/177742 [Aufruf: 09.05.2013]

**McAfee**: Dissecting Operation High Roller, White Paper, Santa Clara 2012. Internet: http://www.mcafee.com/us/resources/reports/rp-operation-high-roller.pdf [Aufruf: 08.05.2013]

**Scherer**, Klaus. Angriff aus dem Internet: Wie Online-Täter uns bedrohen. Dokumentation. Ausstrahlung ARD 2011. Internet: http://www.klausscherer.com/index.php?page=filme [Aufruf: 22.05.2013]

**Sparkasse Saarbrücken:** Vishing. Internet: https://www.sparkasse-saarbruecken.de/onlinebanking/online_banking_angebot/vishing/beschreibung/index.php [Aufruf: 08.05.2013]

**Spiegel-Online:** Einbruch bei Symantec: Antivirus-Hersteller bot Software-Dieben Schweigegeld vom 08.02.2012. Internet: http://www.spiegel.de/netzwelt/web/einbruch-bei-symantec-antivirus-hersteller-bot-software-dieben-schweigegeld-a-813991.html [Aufruf: 20.05.2013]

dies.: Festnahme nach Banken Hack: Erst der Raub, dann die Rolex vom 10.05.2013. Internet: http://www.spiegel.de/panorama/millionen-raub-polizei-nimmt-sieben-verdaechtige-fest-a-899097.html [Aufruf: 13.05.2013]

dies.: Internationaler Banken-Hack: Cyber-Räuber stehlen in Deutschland fast zwei Millionen Euro vom 10.05.2013. Internet: http://www.spiegel.de/panorama/cyber-bankraeuber-ergaunern-millionenbetrag-in-deutschland-a-899162.html [Aufruf: 13.05.2013]

**Spiegel-Online:** Irans Atomprogramm: Ahmadinedschad räumt Virus-Attacke ein vom 29.11.2010. Internet: http://www.spiegel.de/netzwelt/gadgets/irans-atomprogramm-ahmadinedschad-raeumt-virus-attacke-ein-a-731881.html [Aufruf: 21.05.2013]

dies.: Netzwelt-Ticker: FBI legt nach Millionenschäden großes Botnet still vom 14.04.2011. Internet: http://www.spiegel.de/netzwelt/web/netzwelt-ticker-fbi-legt-nach-millionenschaeden-grosses-botnet-still-a-756964.html [Aufruf: 20.05.2013]

dies.: Nordrhein-Westfalen: Innenminister preist neues Cybercrime-Zentrum vom 26.07.2011. Internet: http://www.spiegel.de/netzwelt/netzpolitik/nordrhein-westfalen-innenminister-preist-neues-cybercrime-zentrum-a-776789.html [Aufruf 23.05.2013]

dies.: Spanien: Polizei fasst Hintermänner des BKA-Trojaners vom 14.02.2013. Internet: http://www.spiegel.de/netzwelt/web/bka-trojaner-polizei-fasst-hintermaenner-in-spanien-a-883283.html [Aufruf: 15.05.2013]

dies.: Trojaner-Gefahr: Hackerangriff auf Sparkassen-Seiten vom 19.02.2013. Internet:
http://www.spiegel.de/wirtschaft/service/hackerangriff-auf-sparkassen-seiten-a-
884385.html [Aufruf: 20.05.2013]

**Statista GmbH,** Hamburg: Anteil der Internetnutzer in Deutschland von 2001 bis 2013.
Internet: http://de.statista.com/statistik/daten/studie/13070/ [Aufruf: 06.05.2013]

dies.: Anteil der Nutzer des mobilen Internets in Deutschland 2008 bis 2012. 10 / 2012.
Internet: http://de.statista.com/statistik/daten/studie/197383/umfrage/mobile-
internetnutzung-ueber-handy-in-deutschland/ [Aufruf: 14.05.2013]

dies.: Ist ihnen persönlich durch die Nutzung des Internets schon einmal ein finanzieller
Schaden entstanden? 02 / 2009. Internet:
http://de.statista.com/statistik/daten/studie/4383/umfrage/finanzieller-schaden-
durch-nutzung-des-internets/ [Aufruf: 14.05.2013]

**Trend Micro Incorporated**, Cupertino, USA: Russian Underground 101 – Research
Paper 2012. Internet: http://www.trendmicro.com/cloud-
content/us/pdfs/security-intelligence/white-papers/wp-russian-underground-
101.pdf [Aufruf: 13.05.2013]

**Universität Stuttgart,** Stabsstelle DV-Sicherheit (RUS-CERT): Botnetze. Internet:
http://cert.uni-stuttgart.de/doc/netsec/bots.html [Aufruf: 16.05.2013]

www.ingramcontent.com/pod-product-compliance
Lightning Source LLC
LaVergne TN
LVHW080105070326
832902LV00014B/2439